KB103887

100년의
서울을 걷는 인문학

100년의 서울을 걷는 인문학

조동범 지음

상징 코드로 읽는
서울 인문 기행

도마뱀

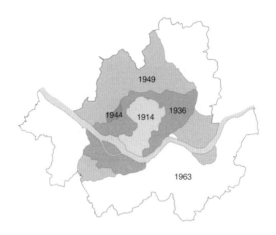

서울의 변천 과정. 『지도로 본 서울 2013』, 서울연구원.

경성
혹은
　서울이라는
　　상징

　　서울의 어느 거리를 걷는다. 종로를 거쳐 혜화동 마로니에 공원을 걷고, 신촌과 홍대앞을 거쳐 상수동의 어느 거리를 걷기도 한다. 서울은 무척이나 매력적인 도시이다. 누군가는 서울이 삭막하기 그지없는 곳이라고 할지 모르지만 서울은 많은 매력을 감추고 있는 곳이기도 하다. 서울을 걷는 것은 그런 점에서 무척이나 흥미진진한 일이다. 서울은 생생한 근대사의 장이며 그 자체로 한 편의 드라마이기도 하다. 서울은 유기체처럼 꿈틀대며 끝없이 진화하고 있다. 하지만 우리의 기억 속에서 점점 잊히는 모습 역시 많다. 그리고 이 모든 것들은 상징이 되어 우리의 삶과 세계를 드러낸다.

『100년의 서울을 걷는 인문학』은 서울이라는 도시, 혹은 도시로서의 서울을 인문적 관점으로 이야기한 책이다. 서울을 이야기한다는 것은 도시에 대한 인문적 사유를 드러내는 것이다. 이 책은 서울에 대한 내용을 다루고 있지만 도시와 근대성 전반에 대한 이야기이기도 하다. 도시는 단순히 물리적인 공간만으로 이루어진 곳이 아니다. 도시는 하나의 상징이며 인문학의 장으로 기능하는 공간이다. 도시가 형성되는 과정은 그 자체가 근대성의 의미와 상징을 드러내는 것인데, 도시에는 우리 삶의 다양한 양상과 의미가 내장되어 있다. 따라서 도시가 지니고 있는 의미를 파악하는 것은 우리의 삶과 세계를 파헤치는 일이다. 도시는 마치 살아 있는 유기체가 성장하고 진화하는 것처럼 끊임없이 변모하며 새로운 상징과 의미가 되어간다. 『100년의 서울을 걷는 인문학』을 통해 서울이라는 '도시'를 이야기하는 것은 이런 이유에서이다.

서울은 지난했던 우리 근대사를 온몸으로 견디며 성장해온 도시이다. 일제강점기로부터 전쟁과 독재, 가난과 개발 등의 틈바구니에서 격정적인 변화를 감내해온 공간이다. 그리고 그것은 곧 우리가 견뎌온 삶이자 역사였다. 따라서 서울을 분석하는 것은 우리의 삶을 이해하는 것이며, 우리를 둘러싼 세계를 파악하는 것이다.

서울이라는 공간과 역사는 그 자체가 우리나라의 근대사를 상징한다고 해도 과언이 아니다. 그런 점에서 서울을 인문적 관점에서 파악하는 것은 의미 있는 일이다.

우리가 삶을 영위하는 공간에는 여러 가지 상징이 숨어 있기 마련이다. 서울 역시 우리가 미처 깨닫지 못한 다양한 상징을 품고 있다. 그리고 그것은 오늘날 우리의 삶과 긴밀하게 연결된다. 그런 점에서 서울이 가지고 있는 의미를 이해하는 것은 현재의 우리 삶을 이해하는 것이기도 하다. 잠실 롯데월드가 근대성의 비극적 상징임을 안다면 우리가 살고 있는 세계의 실체가 무엇인지 알 수 있을 것이다. 그리고 공장 지대에 생긴 '힙'한 카페가 '빈곤 포르노'임을 알게 되었을 때, 세계를 보는 우리의 인식은 달라질 것이다. 서울을 이해한다는 것은 이처럼 우리의 삶과 세계를 알아가는 과정이라고 할 수 있다.

『100년의 서울을 걷는 인문학』은 단순히 서울을 소개하는 책이 아니다. 여행서는 더더욱 아니다. 『100년의 서울을 걷는 인문학』은 서울을 인문적 사유로써 이해하는 책이다. 이 책을 통해 여러분은 우리 삶과 세계의 상징과 비밀을 파악할 수 있을 것이다. 도시를 인문학의 관점으로 파악하고 상징의 코드로 이해하는 것은 무척이나 흥미로운 일이다. 그리고 이러한 방식으로 도시를 이해하는 것은 곧 우리의 삶과 세계를 인문적 관점으로 이해하는 일이기도 하다. 그런 점에서『100년의 서울을 걷는 인문학』은 우리가 살고 있는 세계의 비밀을 향해 나아가는 여정이라 할 수 있다.『100년의 서울을 걷는 인문학』과 함께 서울이 가지고 있는, 무수히 많은 이야기를 향해 나아가도록 하자.

2021년 겨울

조동범

차 례

들어가며 | 경성 혹은 서울이라는 상징 • 5

I 근대의 시작과 근대도시 경성

한양, 경성, 서울 그리하여 근대의 시작 • 14

경성의 중심 종로 • 22

경성이라는 근대와 백화점 • 29

서울역, 수탈의 역사로부터 이향의 슬픔까지 • 40

근대적 일상의 탄생과 경성의 거리
— 「소설가 구보 씨의 일일」을 따라 걷는 경성의 거리와 일상 • 46

II 경성, 서울, SEOUL

종로3가, 근대사를 관통하는 고단한 삶의 흔적 • 60

익선동, 일제강점기로부터 젠트리피케이션의 현장까지 100년 • 67

돈의동 쪽방촌, 단절된 세계의 고요 • 75

서촌을 따라 문학예술 기행 • 81

실재하는 허상과 두 개의 북촌 • 87

하늘엔 조각구름 떠 있고 강물엔 유람선이 떠 있고
— 한강과 근대성의 경험 • 92

우리 모두의 광장을 위하여 — 광화문에서 서울광장까지 • 96

Ⅲ 서울이라는 거리에서

난지도, 현대 도시와 욕망의 배설구 • 104

영등포, 홍등의 거리와 고단한 삶의 거처 • 110

혜화동 '학림', 하나의 공간을 지나가는 '시간들'에 대하여 • 116

대림동, 경계인의 거리와 편견의 그늘 • 121

을지로, '힙'지로와 빈곤 포르노의 사이에서 • 126

공장과 카페, 물러설 수 없는 삶의 최전선
— 성수동, 을지로, 문래동의 거리에서 • 130

이태원, 다국적 세계의 진짜 '우리' • 135

Ⅳ 서울이라는 새로움과 감각의 거리

1990년대의 서울은 어떻게 새로움이 되었나 • 142

홍대앞, 새로운 세대의 거리에서 • 149

바람 부는 날이면 압구정동에 가야 한다 • 155

신촌, 젊음이라는 기호와 상징의 거리 • 161

강남, 욕망의 탄생과 소비되는 거리에서 • 168

잠실 롯데월드, 인공 낙원의 꿈과 숨겨진 현대성의 비극 • 174

경부고속도로, 시간 중심 세계에서 공간 중심 세계로 • 180

아파트 공화국, 욕망과 계급의 바벨탑 • 184

V 서울, 그리고 또 다른 도시 이야기

신도시, 서울을 둘러싼 새로운 욕망과 계급 ・190

성남, 슬픈 이주의 역사와 새로운 계급의 영토 ・196

광명, 기형도 시인을 따라 읽는 위성도시의 슬픔 ・201

안양, 소외와 차별의 디스토피아와 검은 안양천 ・213

서울, 수도권 그리고 지방 ・218

서울을 위한, 서울을 향한, 서울만 남은 ・222

참고문헌 ・227

I

근대의 시작과
근대도시 경성

한양,
경성,
서울　그리하여
#　　　　근대의 시작

우리나라가 근대적 도시의 모습을 갖추게 된 것은 그리 오래된 일이 아니다. 도시의 모습을 갖추게 된 지 고작 100년 정도의 시간이 흘렀을 뿐이다. 100년 전이라고 생각하면 까마득한 옛날처럼 느껴지기도 하지만 100년이라고 해봐야 고작 한 사람의 생애에 불과한, 그리 오랜 세월이 아니다. 그런데 100년이라는 길지 않은 시간 동안 우리 삶은 많은 변화를 겪었다. 근대가 시작된 이후 100여 년간 겪었던 변화는 그 이전 수백 년 동안 경험했던 변화보다 훨씬 극적인 것이었다. 그리고 그 변화만큼 우리의 삶 역시 많은 변화를 겪었다. 우리의 근대적 시간은 역동적으로 흘러가며 순식간에 우리의 삶을 낯선 곳에 가져다 놓았다.

수선전도(首善全圖). 조선 후기 지리학자 김정호가 1825
년경에 제작한 것으로 추정되는 서울의 지도. 『서울지도』
(2006, 22쪽), 서울역사박물관 소장.

그러나 우리가 경험한 근대의 체험은 슬픔과 비극의 고통 속
에 전개된 것이라는 점에서 가슴 아픈 일이었다. 조선 이후에 등장
한 대한제국은 우리 스스로 근대적 세계를 만들기도 전에 몰락했
고, 우리는 일제강점기라는 비극과 맞닥뜨리게 되었다. 우리에게
근대는 내부로부터 자연스럽게 시작된 것이 아니라 비극적 강제에
의한 것이라는 점에서 고통과 슬픔의 시작이기도 했다. 오랜 시간

사회 내부와 시민들의 삶으로부터 자연스럽게 진행된 서구의 근대화와는 달리, 우리나라의 근대화는 일제강점기라는 외부적 요인과 함께 갑작스럽게 펼쳐진 것이었기 때문이다. 더구나 우리는 시민 계급이 형성되는 경험을 한 적이 없었기 때문에 근대적 사회로 이행되는 과정은 그야말로 혼란스러운 것일 수밖에 없었다.

그런 상황 속에서 마주하게 된 근대는 난데없이 맞닥뜨리게 된 당황스러움 그 자체였다. 누군가의 표현처럼 그것은 한밤중에 갑자기 강도를 만난 것과 같은 충격이었다. 대한제국 시기에 근대화를 위한 움직임이 있었지만 당시의 근대화는 우리 민족이 주도적으로 벌인, 주체적인 것이라고 볼 수 없는 것이었다. 열강들의 틈바구니에서 맞이하게 된 개항은 아무런 준비 없이 수용한 것이었기 때문에 근대로의 이행이 자연스럽게 전개되지 못했다. 어느 날 갑자기 나라를 빼앗기며 시작된 근대는 그야말로 비극에 비극을 더한 격이었다.

일제강점기. 우리가 마주하게 된 근대적 세계가 더 큰 비극일 수밖에 없는 이유가 바로 여기에 있다. 일제강점기와 함께 전개된 근대적 세계는 비극에 비극이 덧씌워진 것이었다. 일반적으로 근대는 비극성을 전제하기 마련이다. 근대적 세계는 산업화와 도시화를 거치며 비극적인 세계를 구축한다. 그리하여 근대적 세계 속에서 인간은 자연과 결별한 채 물질적 욕망만 남은 세계로 추락하고 만다. 근대 또는 현대성의 세계는 그런 점에서 애초에 비극적인 것일 수밖에 없다. 그런데 우리 민족은 일제강점기라는 커다란 비극을 통해 근대적 세계를 맞이하게 된 것이다. 일제강점기의 비극에 더한, 근대적 세계의 비극과 혼란은 우울과 불안으로 가득한 것일 수밖에 없었다.

그렇다면 우리에게 근대도시 또는 근대화의 과정은 비극 이외에 어떤 의미를 지니는 것일까? 그야말로 근대는 우리가 그동안 접해보지 못했던 낯설고 신기한 것이었으며 그간의 삶을 송두리째 뒤바꿔놓는 일대 사건이었다. 농경 중심 사회에서 맞닥뜨린 근대적 도시 공간과 근대적 삶은 지금까지의 삶을 온전히 부정하는 것과 같은 충격이었다. 더구나 조선왕조와 신분제가 순식간에 무너진 것은 단순한 사회적 변화가 아니었다. 그것은 우리가 그동안 믿고 있었던 모든 세계가 무너지는 것이었으며, 자기 자신을 스스로 부정해야 하는 혼란과 고통이었다. 긍정적이든 부정적이든 근대의 경험은 근대 이전의 삶과 결별하는 것일 수밖에 없었다.

하지만 근대적 세계로의 이행은 피할 수 없는 숙명이었다. 낯설고 신기한 근대적 세계는 당혹스러운 것이었지만 가닿고 싶은 선망의 대상이기도 했다. 일제강점기의 비극 속에 전개된 근대화였지만 그것은 지금까지의 삶이 주지 못했던, 보다 나은 삶과 세계를 향한 희망의 증거처럼 느껴지기도 했다. 근대는 비극과 희망을 동시에 품고 있는, 양날의 검이었다.

근대적 삶이 본격적으로 전개되었다고는 하지만 우리나라 전체를 놓고 보았을 때, 근대화는 아직까지 제한적인 계층과 지역에 국한된 것이었다. 수도 경성을 제외하면 변변한 도시가 존재하지 않았으며, 근대적 삶을 적극적으로 수용한 사람이 절대다수를 차지하는 것도 아니었다. 경성을 벗어나면 여전히 농촌 지역이 대부분이었고, 전근대적인 삶의 방식이 우리의 삶을 지배하고 있었다.

하지만 근대적 삶과 공간이 우리나라 전반에 뿌리내리지 않았다고 해도 그것을 제한적인 현상으로만 치부할 수는 없었다. 여전히 우리 사회는 농경 중심의 속성을 지니고 있었지만 근대적 세계는 피할 수 없는 숙명과도 같은 것이었고, 그것에 대한 열망 역시 적지 않았다. 우리는 더 이상 '조선'이라는 폐쇄적인 세계 속에 놓인 존재가 아니었을 뿐만 아니라 스스로도 열린 세계로 나아가길 원했다. '우리'의 외부에 있는 것들에 눈을 뜨게 되었고, 혼란의 와중에도 그것을 받아들일 마음의 준비를 하게 되었다. 물론 이런 근대화의 과정이 일제강점기와 함께 갑작스럽게 전개된 것은 너무나 불행한 일이다. 폐쇄된 '조선'에서 갑작스럽게 일제강점기로 넘어가지 않았더라면, 우리도 서구의 근대화 과정처럼 시민 계급이 대두된 이후에 자연스럽게 근대화를 맞이했을지도 모른다.

일제강점기라는 수탈과 폭압의 역사 속에서 근대화는 비극 속에 맞이하게 된 낯선 세계였다. 일제강점기와 함께 전개된 근대적 세계는 그 자체로 비극성을 전제한다. 근대는 '인간'의 세계가 아닌 '물질'의 세계로 이행되며 우리의 삶을 물질적 욕망이라는 비극 속에 부려놓는다. 그런 가운데 당시의 삶은 더 깊은 비극 속으로 추락하는 것이었으리라. 그런 탓에 우리의 근대화는 일제강점기라는 비극 속에서 무기력한 절망감을 만들어 내기도 했다. 일제강점기의 비극에 덧대어진 근대는 새로운 세계를 향한 희망이면서도 어쩔 수 없는 비극 속으로 우리의 삶을 떨어뜨렸다. 근대적 세계에서 소외된 인간의 삶은 일제에 유린당하는 삶과 맞물리며 더 할 수 없는 좌절을 겪을 수밖에 없었던 것이다.

하지만 그런 가운데에서도 근대적 세계의 새로움은 식민지 조선의 지식인에게 새롭고 신기한 것이었다. 서양식 건물과 도로가 건설되고 전기로 불을 밝힌 경성은 우리가 한 번도 경험해보지 못한 경이로움이었다. 서구식 도시가 건설되고 서구식 삶의 형태가 전해지면서 '조선인'의 삶은 불과 십수 년 만에 이전과 완전히 다른 세상과 마주하게 되었다. 식민지 조선의 비극 속에서 탄생한 근대도시 경성은 좌절과 고통이 눈앞에 펼쳐진 공간임과 동시에 새로운 세계로 나아갈 수 있는 탈출구이기도 했다. 물질적 욕망으로 가득한 근대성의 세계는 비극을 바탕으로 한 세계이지만 그것은 비극이면서 동시에 희망이라는 양가적 세계를 지니고 있는 것이기도 했다. 앞이 보이지 않는 비극 속에 시작된 근대적 세계이기는 했지만, 한편으로 근대는 그러한 비극을 극복할 수 있는 마중물이 될 수도 있을 터였다.

우리나라 최초의 근대도시인 경성은 그 자체로 우리나라의 근대화를 대표한다고 할 수 있다. 우리나라의 근대화는 수도 경성의 역사라고 해도 무방하다. 당시 여러 지역에서 근대적 도시화가 진행됐지만 근대적 면모를 온전히 갖춘 곳은 경성이 유일했다. 따라서 우리나라의 근대화를 이야기할 때 경성의 근대적 경험과 변화가 중심이 될 수밖에 없다. 경성의 풍경을 들여다보는 것은 20세기 초

일제강점기 경성에서 가장 번성하고 화려했던 거리이자 일본인들의 중심지였던 본정(本町, 혼마치, 지금의 충무로)의 입구. 서울역사박물관.

반의 근대적 세계를 파악하는 것과 같다. 그것은 무척이나 흥미진진한 것이며 이러한 흥미로움은 지금까지 유효하다.

　근대성을 대표하는 경성의 지위는 일제강점기 이후 오늘날에 이르기까지 변함없이 이어지고 있다. 해방과 한국전쟁 이후 산업화가 진행되면서 도시화가 전국적으로 이루어졌지만 서울은 여전히 우리나라의 근대 도시 공간을 대표하는 곳이다. 전 국토의 도시화가 이루어지고 지방자치 시대가 도래했지만 서울은 여전히 국방, 외교, 문화 등 사회 전반에 걸쳐 중심적인 역할을 하고 있다. 그런 점에서 우리나라 근대화의 최초의 공간이자 아직까지 그 정점에 있는 서울을 탐문해보는 것은 의미 있는 것이다. 비극적 서울이든 아니든, 과거의 경성이든 오늘의 서울이든, 그것에 대해 생각해보는 것은 근대를 관통해온 우리의 삶과 세계의 실체를 파악하는 일이다. 이것은 근대화의 가운데 우리 삶이 어떻게 변화했는지 살펴보는 것이며, 우리 삶의 비극과 절망, 희망과 애틋함을 굽어볼 수 있는 일이기도 하다. 그런 가운데 우리의 근대는 실체를 드러내고 우리 삶의 진실이 무엇인지 깨닫게 할 것이다.

대한제국과 일제강점기의 경성을 떠올린다. 경성은 우리에게 쇠락해가는 조국의 슬픈 운명을 떠올리게 한다. 그러나 경성은 전근대를 벗어나 근대로 나아가는 최초의 공간이었다는 점에서 의미 있는 공간이기도 하다. 경성의 거리를 통해 지금의 서울을 발견하고, 서울의 거리를 걸으며 과거의 흔적을 찾는 일은 흥미진진하면서 동시에 매우 가치 있는 일이다. 경성으로부터 서울에 이르기까지의 시간과 공간은 우리가 지나온 근대적 세계 그 자체라고 해도 과언이 아니다. 그것은 단순히 시간의 흐름이나 도시의 발전만을 의미하지 않는다. 근대적 세계의 변화 속에 놓인 경성과 서울은 그 자체로 우리의 삶과 세계라고 할 수 있다. 과거의 경성과 현재의 서울을 걷고, 읽고, 생각하는 것은 우리의 삶과 세계의 이면을 파악하는, 흥미로운 인문학의 장이다.

경성의
중심
종로

종로는 전통적으로 수도 서울의 중심부였다. 조선시대에는
왕궁이 있었으며 한양의 중심부로서 많은 이들의 왕래가 있었다.
그러한 점은 지금도 마찬가지여서 종로는 해방 이후 문화,
행정, 정치, 경제 등 모든 분야의 중심지 역할을 했다.

해방 직후 종로 네거리 풍경. 서울역사박물관.

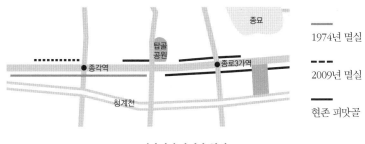

피맛길의 과거와 현재

지금은 일부 기능이 다른 곳으로 분산되기도 했지만 종로는 여전히 서울의 중심지로서 중요한 상징성을 지닌다. 조선시대부터 일제강점기 그리고 해방 이후 오늘에 이르기까지 중심지 역할을 해온 만큼 종로에는 여러 가지 흥미로운 이야기가 숨어 있다.

종각과 광화문, 서촌으로 이어지는 길을 중심으로 문학과 예술의 이야기가 펼쳐지기도 하고 북촌의 한옥과 관련하여 우리가 잘 몰랐던 이야기가 숨어 있기도 하다. 특히 종로는 오랜 역사를 지니고 있는 만큼 서울의 과거 모습을 살펴볼 수 있는 장소이기도 하다. 이제는 널리 알려진 '피맛골' 같은 이야기가 종로에는 너무나 많다. 하지만 정작 그런 이야기를 자세하고 정확하게 알고 있는 사람은 많지 않다. '피맛골'의 경우만 하더라도 일반적으로 알려진 뜻은 '백성이 말을 탄 고관을 피하다'이지만, 정확한 의미는 '하위 관리가 고관을 만났을 때 자신의 말을 돌려 피하다'이다.

피맛골이 윗피맛골뿐만 아니라 아랫피맛골도 있었다는 것 역시 많은 이들이 알지 못한다. 1974년 지하철 1호선 개통과 함께 종로가 확장되었는데, 이때 도로 확장이 남쪽으로 이루어지면서 아랫 피맛골 일부가 사라졌다. 그리고 2009년 도심 재개발로 인해 종각역 인근 윗피맛골 역시 사라지고 말았다. 대부분의 사람들이 피맛골 하면 떠올리는 곳이 바로 2009년에 사라진 종각역 인근 윗피맛골이다. 종각역 인근 윗피맛골이 사라진 것을 두고 피맛골이 모두 사라졌다고 생각하는 이들이 많은데, 아직까지 윗피맛골은 물론이고 아랫피맛골까지 남아 있는 곳이 있다. 종로3가역 인근이 바로 그곳이다.

그리고 종각에서 광화문, 서촌으로 이어지는 길에는 아직도 문학과 예술에 연관된 흥미진진한 이야깃거리가 많다. 시인 이상이 운영하던 〈제비다방〉 터가 종각역 인근에 있고, 서촌 골목에는 일제강점기 시절의 여러 유물이 아직도 곳곳에 남아 있다. 또한 100여 년의 세월을 견뎌온 익선동이 있으며 종로3가역 바로 옆에 쪽방촌이 남아 있기도 하다. 그런데 종로3가를 매일 오가는 사람들조차 그곳에 쪽방촌이 있다는 사실을 모르는 경우가 많다. 이처럼 종로는 근현대사를 관통하며 그 자체로 문화와 예술, 역사로 남게 되었다. 이외에도 세운상가나 광장시장, 동대문시장 등과 관련하여 우리나라의 근현대사를 담고 있으며, 안국동과 인사동 지역은 문학과 예술의 산실이기도 하다. 이처럼 많은 이야기를 품고 있는 종로가 근대적 면모를 갖추기 시작한 시기는 일제강점기이다.

일제는 1910년과 1919년에 '경성시구개정' 계획에 맞춰 경성을 개발했다. 이때 일제는 광화문과 경성역을 대로로 연결하여 근

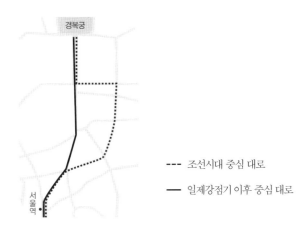

--- 조선시대 중심 대로

— 일제강점기 이후 중심 대로

대적으로 개발하는데, 이렇게 연결된 직선 대로는 일제의 조선 통치 전략의 일환이었다. 일제는 대로를 중심으로 근대적인 건물을 세우는 등 경성을 세련된 도시로 만들기 시작한다. 그런데 한 가지 이상한 점은 광화문에서 경성역까지 개발하면서 인근에 있는 종로는 개발하지 않고 그대로 두었다는 점이다. 서울의 중심부라고 할 수 있는 종로를 개발하지 않는다는 것은 이해하기 어려운 일이다. 여기에는 일제의 조선 침략에 대한 고도의 계산이 깔려 있었다.

일제는 직선 대로를 중심으로 근대적 도시를 개발함으로써 인접해 있는 종로와 대비를 이루게 한 것이다. 개발되지 않은 조선의 전통적인 중심가를 근대적으로 개발한 곳과 비교되게 함으로써 일제의 식민 지배에 당위를 부여하려고 했다. 우리가 무덤덤하게 지나치곤 하는 광화문에서 서울역까지의 대로는 이와 같은 식민 시대의 슬픔이 담겨 있다. 근대는 흔히 발전된 문명과 선진적인 세계를 상징한다. 일제는 이러한 근대성의 이미지를 이용하여 식민 지배의 긍정적 환영을 보여주고자 했다. 근대적 도시의 모습과 전근대적 종로의 모습을 대비시켜 근대성의 환영을 우리에게 각인시키려 했다.

당시 일본인들의 주거지는 남촌을 중심으로 형성되었다. 도시 개발이 이 일대를 중심으로 전개된 것은 일제의 입장에서 자연스러운 것이었다. 조선인들의 주거지는 종로의 북촌을 중심으로 형성되었다. 흔히 조선총독부가 있었던 광화문, 종로 지역에 일본인들의 거주지가 있었을 것이라고 생각하기 쉽다. 그러나 종로 일대는 우리나라 사람들의 주요 거주지였다. 일제강점기 경성은 남촌 지역에 일본인이, 북촌 지역에 우리나라 사람들이 주로 살았다. 따라서 경성의 근대화는 진고개*를 중심으로 한 남촌 지역을 중심으로 이루어지게 되었다. 일제의 개발 정책에서 소외된 북촌 지역은 상대적으로 근대적 도시의 모습과는 거리가 있었다. 당시 북촌 지역은 남촌 지역과 달리 불완전한 근대 공간이었다. 그러던 중 조선으로 이주한 일본인들이 많아졌고, 일본인들은 북촌 일대까지 주거지를 넓히려고 했다. 일본인들은 익선동 일대에 적산 가옥을 지으려고 했는데, 이때 '조선의 건축왕'이라고 불리는 정세권**이 일본인들의 북촌 이주를 막고자 익선동 일대의 땅을 매입하여 집단 한옥 거주지를 건설했다.

---

*충무로2가 옛 중국대사관 뒤편에서 세종호텔 뒷길 사이에 있는 고개이다. 남산의 산줄기가 뻗은 고개인데, 높지 않은 고개였지만 흙이 끊어질 정도로 질었다고 하여 '진고개'라 불렸다.
**69쪽 참조.

남촌과 대비되어 낙후된 모습을 보이던 종로는 조선총독부가 경복궁 앞으로 이전되며 개발되기 시작했다. 일제는 조선을 적극적으로 동화시켜 통치하고자 조선총독부를 경복궁 앞으로 이전했다. 조선총독부는 1918년에 착공되어 1926년에 완공되었다. 오래전부터 한양과 경성의 중심지였던 종로는 이때부터 개발이 본격화된다. 일제는 '종로통 가로개수' 사업을 벌여 종로 일대를 개발한다. 종로 일대는 이즈음부터 비로소 근대적 건물과 상점 등이 들어서며 근대적 도시의 면모를 다지기 시작한다. 화신백화점이 북촌 지역에 들어선 것도 조선총독부가 완공된 이후인 1930년이다. 하지만 여전히 개발의 중심은 남촌이었다. 주요 기관과 건물은 광화문에서 경성역에 이르는 직선 대로 인근에 있었으며, 조선총독부 이전 이후에도 남촌 지역에 백화점이 집중적으로 들어섰다. 화신백화점을 제외한 미쓰코시, 조지야, 미나카이, 히라타백화점 모두 남촌에 있었다.

일제강점기 당시 나타난 북촌과 남촌의 차이는 도시에 일반적으로 나타나는 빈곤의 문제와 닮아 있다. 농촌 지역의 빈곤이 특정 지역에 국한되는 경우가 적은 반면 도시지역의 빈곤은 특정 지역에 집중적으로 나타나는 경우가 많다. 농촌의 가난 문제는 지역의 차이 때문에 발생하기보다 다른 이유에서 나타나기 때문이다. 반면 도시의 가난은 특정 지역을 중심으로 집단적인 양상을 보여주는 경우가 많다. 조선인이 거주하는 북촌은 차별과 억압 아래 지역 전체가 낙후된 반면, 일본인이 거주하는 남촌은 일제강점기라는 상황 속에서 근대적 면모를 갖추게 된다. 그런데 이러한 지역적, 집단적 빈곤의 문제는 오늘날의 도시에 나타나는 특징이기도 하다. 생각해보면 우리가 '가난한 동네'라고 부르는 곳들은 대부분 도시의 특정 지역을 지칭하는 경우가 많다. 이러한 가난의 지역화, 집단화는 지역적, 집단적 차별의 형태로까지 나아가게 된다는 점에서 많은 문제가 있다.

경성이라는
근대와
백화점

화신백화점. 서울역사박물관.

경성의 백화점은 1920년대 후반에 본격적으로 등장한 이후, 1930년대에 확대되기 시작했다. 경성에는 일본 자본이 개업한 대표적인 백화점 네 곳이 있었고 조선인이 운영하는 화신백화점과 동아백화점 등이 있었다. 경성이 근대적 도시로 변해가는 가운데 백화점이 등장하게 된 것은 자연스러운 현상이라고 볼 수 있다. 하지만 당시 인구가 30만 명에 불과한 경성에 이렇게 많은 백화점이 개업한 것은 의외의 일이다. 경제 공황기와 맞물려 일본이나 중국의 백화점이 경영난에 빠진 것을 생각하면 더욱 그렇다. 더구나 인구가 10만 명에도 미치지 못했던 각 지역의 여러 도시까지 백화점이 진출했다는 점은 놀라운 일이다.

일제강점기에 등장한 백화점은 그때까지 보지 못했던 근대적 공간이자 세계였다. 백화점은 우리가 그동안 경험하지 못했던 것들로 가득한 곳이었으며 풍요로움을 상징적으로 드러내는 하나의 기호였다. 이러한 백화점의 화려함과 풍요로움은 근대에 대한 선망을 만들어냈고, 새로운 세계에 대한 환상을 심어주기에 충분했다. 백화점은 근대적 세계의 특성을 적극적으로 드러내는 공간이라는 점에서 흥미로운 곳이다. 그곳은 단순하게 물건을 사고파는 공간이 아니다. 대량 생산과 대량 소비를 전제로 근대적 유통이 이루어진다는 점에서 근대성을 드러내는 대표적인 장소이다. 또한 인간의 욕망이 극대화되는 공간이라는 점에서 근대 이후의 우리 삶이 추구하게 된 세속적 욕망의 장이기도 하다.

근대적 세계의 풍요로움과 화려함을 두른 백화점이 본격적으로 등장한 것은 1930년대이다. 그러나 일본 자본은 이미 20세기 초부터 백화점의 전신이라고 할 수 있는 상점을 앞세워 조선에 진출하기 시작했다. 1904년경에 서울에 진출한 히라타(평전)상점이 1926년 주식회사로 변경하면서 히라타백화점을 열었고, 히라타상점과 같은 해에 경성에 진출한 조지야 역시 1929년 남대문로(현 롯데백화점 영플라자)에 본점을 증축하고 백화점을 개업했다. 이외에도 1905년 대구에서 시작하여 1911년 충무로에 들어온 미나카이백화점은 1929년 확장하여 문을 열었다. 일본 자본이 세운 백화점 중에서 가장 유명한 곳은 미쓰코시백화점이다. 우리에게도 널리 알려진 미쓰코시백화점은 1906년 경성에 임시 출장소를 열어 영업을

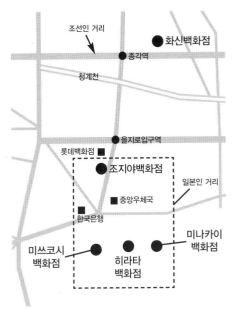

조선인 거리

화신백화점

종각역

청계천

을지로입구역

롯데백화점

조지야백화점

일본인 거리

중앙우체국

한국은행

미쓰코시
백화점

히라타
백화점

미나카이
백화점

경성의 5대 백화점(화신, 조지야, 미쓰코시, 히라타, 미나카이)이 있던 자리. 이 가운데 4개는 일본인이 만들었으며, 조선인이 만든 최초의 백화점은 화신백화점이다.

시작했는데, 이후 1916년 르네상스식 3층 건물을 짓고 1925년 건물을 증축하여 영업했다. 미쓰코시백화점이 본격적인 백화점의 면모를 갖춘 것은 1930년 충무로 입구(현 신세계백화점)에 지하 1층, 지상 4층 규모의 신관을 건립하면서부터이다. 미쓰코시백화점은 근대적인 유통과 판매 시스템을 최초로 갖췄다는 점에서 우리나라 최초의 백화점이라고 할 수 있다. 국가기록원에서도 미쓰코시백화점을 우리나라 최초의 백화점으로 인정하고 있다. 그리고 일본 자본 이외에 우리 자본으로 설립한 백화점도 있었다. 최남이 1932년 종로 2정목 5번지에 동아백화점을 세웠으며 같은 해에 박흥식이 우리에게 이름이 익숙한 화신백화점을 북촌 지역에 열었다. 이후에 최

남은 경영 부진으로 동아백화점을 화신에 넘겨주었다.[*]

앞에서도 언급한 것처럼 인구 30만 명에 불과한 도시 '경성'에 이렇게 많은 백화점이 등장한 것은 놀라운 일이었다. 거기에 더해 "인구 15만 명인 평양에 조지야, 미나카이, 김응수의 평안백화점이 있었고, 부산이나 10만 명이 겨우 될까 말까 한 대구, 목포, 흥남, 군산, 광주, 대전에도 미나카이나 조지야가 진출"[**]했다. 그런 가운데 소매상으로 크게 돈을 벌지 못한 사람들은 인구가 "4-5만 명 정도 되는 도시를 찾아 백화점을 만들려고"[***] 몰려가기도 했다. 근대가 시작된 지 얼마 되지 않았는데도 불구하고 근대를 대표하는 공간인 백화점이 전국적으로 확산하기에 이르렀다. 백화점이 우리의 삶 곳곳에 빠르게 뿌리 내린 것은 일제가 조선의 유통망을 장악하려는 의도에서 이루어진 것일 테다. 하지만 결과적으로 백화점은 빠르게 조선의 근대적 삶의 풍경 속으로 녹아들었다. 근대가 일제 강점기와 함께 시작되었음에도 근대 자체를 배척하지 않았던 것처럼, 백화점은 조선의 근대적 세계 속으로 자연스럽게 녹아들었다. 실제로 대중소비사회의 물질적 욕망은 생각보다 깊숙하게 당시의 삶에 자리 잡고 있었다. 당시 신문에는 "기말시험을 마치고 고향에 내려가는 여학생들의 손에 미쓰코시나 조지야백화점에서 산 화장품"[****]이 들려 있다거나 "통근, 통학하는 전차 안의 손잡이를 잡은

---

[*] 「백화점 전성시대」, https://url.kr/ab6vDF 참조. (검색일: 2020. 11. 1.)
[**] 위와 같음.
[***] 위와 같음.
[****] 「1930년 여름」, 《조선일보》, 1930. 7. 19.

'모던걸'의 팔뚝에는 황금시계와 보석반지가 번쩍인다"*라는 기사가 실리기도 했는데, 이런 점으로 미루어 볼 때 당시 우리의 삶에 근대에 대한 환상이 강하게 작용하고 있었음을 짐작할 수 있다.

그럼에도 당시 조선의 인구와 경제 규모를 감안했을 때 백화점이 빠르게 확산된 점은 다소 의외이다. 근대적 세계에 대한 환상과 선망이 있었다고 하더라도 백화점을 중심으로 한 근대적 소비가 빠르게 우리 삶을 장악한 것은 매우 놀라운 일이다. 당시의 백화점 모두가 요즘 생각하는 대형 유통망의 형태와 규모를 갖춘 것은 아니었다. 그런데도 다양한 상품을 취급하는 백화점이 인구 수만 명 지역까지 파고든 사실은 놀랍다. 백화점 시스템이 일반 대중들을 대상으로 운영될 수 있다는 것은 근대 이전에는 상상조차 할 수 없는 일이었다. 이것을 통해 우리가 근대를 얼마만큼 자연스럽게 받아들였는지 미루어 짐작해볼 수 있다. 한 가지 재미있는 사실은 일제강점기 백화점 터에 여전히 백화점이 운영되고 있다는 점이다. 미쓰코시백화점은 현재의 신세계백화점 자리에 있었는데, 일제강점기 당시의 건물 원형이 지금까지 남아있다. 조지야백화점 역시 남촌 지역에 있었는데, 현재의 롯데백화점 영플라자 자리가 바로 그곳이다.

근대 경성의 모습을 생각할 때 많은 사람들이 가장 먼저 떠올리는 장면은 서양식 건물과 포장도로일 것이다. 거기에 더하여 양

* 「모던걸의 장신운동」, 《조선일보》, 1928. 2. 5.

복과 드레스로 한껏 멋을 내 모던보이와 모던걸의 모습을 떠올리거나 그들이 즐겨 찾던 서양식 바(bar)를 상상하는 경우도 많을 것이다. 그러한 근대의 모습은 당시를 떠올릴 때 가장 흔하게 상상하는 장면이다. 하지만 근대도시 경성은 우리가 생각하는 것 이상의 근대적 모습을 갖추고 있었다. 백화점 역시 마찬가지이다. 일제강점기에 미쓰코시백화점이나 화신백화점이 있었다는 것은 널리 알려진 사실이지만, 그저 막연하게 백화점이 있었다고 알고 있을 뿐이지 당시의 백화점이 어느 정도로 근대적 시설을 갖추고 있었는지 알지 못하는 경우가 많다. 김기림은 수필 「바다의 유혹」에서 백화점을 다음과 같이 표현했다.

> 백화점의 '쇼윈도우' 속에서는 빨갛고 까만 강렬한 원색의 해수욕복을 감은 음분한 '셀르로이드'의 '마네킨' 인형의 아가씨들이 선풍기가 부채질하는 바람에 '게이프'를 날리면서 마분지의 바다에 육감적인 다리를 씻고 있다. '쇼윈도우' 앞에 앞으로 기울어진 맥고모자 아래서는 우울한 눈들이 종이로 만든 명사 십리의 솔밭을 바라본다.[*]

김기림이 바라본 백화점은 오늘날 우리가 바라보는 아케이드의 모습과 다를 바 없다. 그것은 마치 벤야민이 『아케이드 프로젝

---

[*] 김기림, 「바다의 유혹」, 『김기림 전집 5』, 심설당, 1988, 322쪽.

트』에서 드러낸 19세기 프랑스 파리의 근대적 세계를 보는 것만 같다. 김기림의 「바다의 유혹」에 드러난 20세기 초반 도시 경성의 모습에는 근대의 물질적, 육체적 욕망이 고스란히 투영되어 있다.『아케이드 프로젝트』에서 벤야민이 바라본 아케이드, 패션, 권태, 산책자, 거리 등의 모습을 일제강점기 조선에서도 찾아볼 수 있는 것이다. 김기림은 미쓰코시백화점의 '쇼윈도우'를 바라보며 남촌의 거리를 걷고 있다. 그곳에서 그는 "강렬한 원색의 해수욕복을" 입은 "'마네킨' 인형의 아가씨들"의 "육감적인 다리"를 무심하게 바라보고 있다. 여기에서 우리는 근대적 세계의 욕망을 읽을 수 있으며, 무심하게 도시를 바라보며 일상을 견디는 듯한 모습에서는 근대도시의 산책자 이미지를 떠올리게 된다. 다음 김기림의 시를 통해 당시의 백화점 이미지가 오늘날의 백화점 이미지와 크게 다르지 않음을 확인할 수 있다.

오늘도
푸른 바다 대신에 꾸겨진 구름을 바라보러
엘리베이터로
5층 꼭대기를 올라간다.
거기서 우리들은
될 수 있는 대로 머— ㄹ리 고향을 떠나 있는 것처럼
서투른 손짓으로 인사를 바꾸고
그리고는 바닷가인 것처럼

소매를 훨씬 걷어 올리고 난간에 기대서서

동그랗게 담배 연기를 뿜어 올린다. *

시인은 '엘리베이터'를 타고 백화점 "5층 꼭대기"로 올라간다. 그런데 백화점 오층 꼭대기는 놀랍게도 공중정원이라고도 불리는 옥상정원이다. 김기림의 시에는 이외에도 다양한 근대적 공간과 사물이 등장한다. 화려한 인공조명인 일루미네이션이 등장하기도 하고 이 시에서처럼 엘리베이터와 옥상정원이 등장하기도 한다. 김기림의 시에 이와 같은 공간이 자연스럽게 등장한 만큼 당시 경성은 우리가 생각했던 것 이상의 도시적 면모를 갖추고 있었던 것이다. 서구 사회가 오늘날과 크게 다르지 않은 근대적 면모를 이미 갖추고 있었다는 점을 생각하면 식민지 조선의 당시 풍경은 그다지 낯선 것이 아니었다. 하지만 전근대적 세계에서 벗어난 지 얼마 되지 않은 시기임을 감안한다면 김기림의 시에 등장하는 근대도시의 변모는 매우 놀라운 것이다.

김기림은 근대도시 경성에서의 삶을 비극적인 인공 낙원으로 인식한다. 시인은 "푸른 바다 대신에 꾸겨진 구름을 바라보러" 백화점 옥상으로 간다. 백화점은 화려한 곳이지만 그곳에서 시인이 할 수 있는 일은 그다지 많아 보이지 않는다. 시인은 그저 "서투른 손짓으로 인사를" 하고 "바닷가인 것처럼" 소매를 걷어 올리고 난

* 김기림, 「바다의 향수」, 『김기림 전집 1』, 심설당, 1988, 344쪽.

간에 기댄 채 "동그랗게 담배 연기를 뿜어 올린다". 그것이 시대의 아픔을 견뎌야 하는 자의 고통이든, 아니면 근대적 삶의 일상을 견뎌야 하는 슬픔이든, 시인이 인식하는 우리 삶은 고통과 회한의 감정에 맞닿아 있다. 고통과 회환 속에 있는 이의 모습은 근대적 도시의 산책자의 모습이다.

백화점은 이처럼 풍요와 쾌락을 상징하는 공간이면서 동시에 근대적 욕망이 첨예하게 대립하는 곳이다. 사실 백화점만큼 근대적 세계를 적나라하게 보여주는 장소도 드물다. 그런 만큼 백화점은 근대적 세계를 대표하는 공간 중 하나로 손꼽힌다. 백화점은 현대적인 시설과 규모를 갖췄다는 점에서 공간과 관련된 근대성을 지니고 있기도 하고, 대량 소비가 이루어지는 곳이라는 점에서 근대 이후의 욕망과 맞닿아 있기도 하다. 또한 백화점의 대량 소비는 대량 생산을 전제로 한다는 점에서 산업화를 기반으로 한 근대성을 드러낸다. 이처럼 백화점은 근대 이후의 사회에 만연한 물질만능주의, 인간의 욕망, 쾌락적 소비 등을 통해 근대적 세계를 상징적으로 드러낸다. 백화점은 기본적으로 상품을 파는 상점이지만 그곳은 단순히 물성을 지닌 물건만을 파는 공간이 아니다. 백화점에서 판매하는 상품은 소비, 욕망, 쾌락 등으로 이어지며 근대적 세계의 비극성을 드러낸다.

백화점은 근대적 욕망과 쾌락을 이미지화하여 우리의 의식과 세계 속으로 잠입한다. 백화점은 이성적 공간이 아닌 감각화된 세계이다. 그것은 이미지화한 세계이며 우리의 감각을 직접 자극하는

미쓰코시백화점 전경. 삼월백화점 제공.

조지야백화점 전경.
『대경성도시대관』(조선신문사, 1937).

존재이다. 그런데 백화점은 단지 상품만을 통해 대중소비사회의 욕
망만을 드러내는 것이 아니다. 백화점은 공간을 이미지화함으로써
백화점을 이용하는 고객의 욕망을 충족시키기도 하고, 욕망을 충
족하게 하는 시간을 판매하는 곳이기도 하다. 또한 문화와 교양,
안락한 휴식과 여가를 제공하는 공간이기도 하다. 그런 점에서 백
화점은 근대적 이미지의 총체적 공간이다.

　　지금 서울에는 과거와는 비교할 수 없을 만큼 많은 백화점이
있다. 그리고 백화점은 더 이상 도심 한가운데에만 있지도 않다. 예
전 미쓰코시, 조지야, 미나카이, 히라타백화점이 있던 남촌에는 여
전히 신세계, 롯데, 롯데 영플라자(미도파) 등이 우리나라 대표 백화
점으로 자리 잡고 있지만 이제는 그 외에도 셀 수 없을 만큼 많은 백
화점이 도심과 부도심 곳곳에 자리 잡고 있다. 백화점은 더 이상 신
기한 그 무엇이 아니다. 하지만 그곳은 여전히 근대적 욕망과 소비

화신백화점 전경. 서울역사박물관.

가 첨예하게 작동하는 공간이다. 신세계백화점 본점을 지나가며 오래전 일제강점기의 미쓰코시백화점을 떠올려보자. 그리고 롯데백화점 본점 영플라자를 지나며 조지야백화점의 모습을 상상해보자. 어느덧 그곳에 일제강점기의 풍경이 떠오를 것이고, 모던보이와 모던걸들이 가득한 거리가 펼쳐질 것이다. 그런 생각의 끝에 우리가 살고 있는 현재가 일제강점기로부터 그리 멀지 않은 지점임을 깨닫게 될 것이다.

서울역,
수탈의 역사로부터
이향의
슬픔까지

기차역은 떠남과 돌아옴, 만남과 이별의 공간이다. 그것은 우리에게 설렘과 안도, 기쁨과 슬픔의 감정을 자아내며 잊을 수 없는 삶의 순간을 만들어낸다. 여행을 떠나며 느끼는 떨림은 오래도록 잊을 수 없는 것이며, 기차역 대합실에서의 만남과 이별은 우리 마음에 강렬한 파동을 일으키기 마련이다. 예술작품 속에서도 기차역이 지니는 상징과 의미는 크게 다르지 않다. 그런 점에서 기차역이라는 공간이 만들어내는 감정의 층위는 특별하다. 그런데 우리에게 기차역은 조금 다른 모습과 의미를 가지고 있는 공간이기도 하다. 일제강점기와 근대화의 과정 속에서 우리가 경험한 기차역은 일반적인 의미나 감정과 거리가 있다. 일제강점기의 기차역은 우리

1925년 10월 신축된 경성역(京城驛) 전경. 서울역사박물관.

에게 비극과 고통, 상실과 외로움, 낯설음과 두려움으로 다가오는 공간이었다.

우리가 맞닥뜨린 근대의 시간 속에서 서울역은 일제강점기의 수탈과 침략의 실재적 장소였으며, 산업화 시기의 슬픈 이향을 상징적으로 나타내는 곳이었다. 일제는 조선을 침략하여 강제 합병한 이후에 철도를 부설했다. 그것은 당연히 수탈과 침략의 발판을 마련하기 위한 것이었다. 철도 부설은 일제에 의해 강제적으로 이루어진 근대화의 대표적 사례이다. 따라서 오늘날 아무렇지도 않게 이용하는 서울역의 근원은 사실 비극 자체라고 해도 과언이 아니다. 서울역을 비롯한 전국의 철도를 통해 수많은 곡식과 물자가 항구로 옮겨진 뒤 일본으로 반출되었다.

(京 220)　　THE NAMDAIMON STATION IN SEOUL　　場車停門大南城京　　(所名鮮朝)

1900년 7월 8일 영업을 개시한 남대문역(남대문정거장) 전경. 서울역의 전신.
서울역사박물관.

또한 역전에는 광장이 형성된 경우가 많은데, 이것 역시 일제 수탈의 흔적이다. 수탈한 곡식과 물품 등을 기차에 싣기 전에 쌓아 놓을 공간이 필요했기에 역전에 광장을 만들었던 것이다. 서울역 광장 역시 수탈의 편의성을 위해 조성한 공간이다. 또한 일제는 조선에 철도를 부설함으로써 만주와 시베리아 너머의 대륙으로 진출하려는 야욕을 구체적으로 실현하고자 했다. 일제강점기와 함께 시작된 우리나라의 근대가 비극 속에 시작된 것과 마찬가지로 기차역과 철도 부설 역시 비극이 전제된 것이었다.

서울역은 1900년 경인선의 서울 도심 구간이 개통된 이래 줄곧 '남대문역' 또는 '남대문정거장'으로 불리다가 1923년 경성역으로 개칭되었다. 서울역이라고 불리게 된 것은 일제강점기 경성부라는 명칭이 서울시로 바뀌게 된 1947년부터다. 그런데 경성역이 처음 생긴 것은 1900년의 일이지만 지금의 모습으로 건설된 것은 1925년의 일이다. 서울역은 서양의 건축 양식을 채택하여 일본인이 설계, 시공했는데, 원래는 일본 동경역과 비슷한 규모로 지어 일제의 위세를 과시하고자 했다. 하지만 관동대지진으로 인한 예산 문제로 동경역의 4분의 1 정도의 규모로 지어지게 되었다. 동경역이 네덜란드 암스테르담 중앙역을 모방하여 지은 탓에 서울역 역시 암스테르담 중앙역이나 동경역을 모델로 지은 것이라고 알려졌다. 하지만 실제로는 스위스 루체른역을 참고한 것이라고 한다. 다만 역사 내부는 암스테르담 중앙역과 비슷하다고 한다. 비록 서양의 건축 양식을 모방하여 지은 건축물이지만 일제강점기에 건설된 건물 중에서 미적 완성도가 가장 빼어난 탓에 사적 제284호로 지정되었다.

서울역을 비롯한 철도 관련 시설은 일제강점기의 수탈과 관련이 깊다는 점에서 조선의 근대화가 지닌 의미와 상황을 잘 보여준다. 특히 서울역은 우리나라 철도 관련 시설의 상징적 공간이라는 점에서 그 자체로 우리의 아픔이며 민족의 고통이다. 서울역이 일제강점기에 지어진 건축물이라는 것은 대부분의 사람들이 알고 있는 사실이지만 그것으로부터 비극적 근대의 시작을 떠올리는 경우는 많지 않다. 근대의 시작으로서의 서울역은 남녘은 물론이거니와 지금은 갈 수 없는 북녘 그리고 그 너머와 연결되며 민족의 비극을 상징화한다. 서울역을 비롯한 철도는 수탈의 현장임과 동시에 만주와 시베리아로 떠나야 했던 유민의 서러움과 해방에의 열망이 담겨 있는 길이기도 했다. 그리하여 신기한 문명의 이기는 새로움의 찬란이 되지 못한 채 비애로 가득한 길 위의 삶을 펼쳐놓기도 했다.

서울역은 해방 이후 산업화 시기에 고향을 떠난 이들이 처음 마주하는 서울이었다. 고향을 떠나 일가친척 하나 없는 서울에 던져진 이들이 서울역 광장에서 느꼈을 막막함은 두려움 그 자체였을 것이다. 산업화는 필연적으로 이향을 동반하며 진행된다. 그것은 농촌 지역에서 대도시로 이동하는 형태로 나타나며, 열악한 노동 환경이나 주거 환경 등의 삶의 양상이 뒤따른다. 이때 나타나는 이주 형태는 가족 단위인 경우가 많지만, 우리나라의 경우는 가족 단위의 이주 이외에 개인 단위의 이주 형태도 빈번하다. 고향을 떠나 대도시 서울에 있는 공장 공원이 되어 가계를 책임지는 젊은이들의 서사는 산업화 시대에 흔하게 볼 수 있는 것이었다. 이들의 이야기는 산업화 시대의 삶과 관련된 드라마를 품고 있는 경우가 많기 때문에 여러 영화와 소설의 소재로 쓰이기도 했다.

고향을 떠나온 자들의 도시. 서울은 그런 점에서 이향의 도시이기도 하다. 서울은 가난을 벗어날 수 있는 희망이었으며, 앞이 보이지 않는 삶의 탈출구였다. 그러나 과연 서울은 그들에게 희망이며 탈출구가 되었을까? 산업화라는 근대의 풍경 속에서 서울역을 거쳐 대도시의 한 귀퉁이에 자리 잡은 이들의 삶은 고단함 자체였을 것이다. 서울역은 이향의 종점이자 산업화라는 고단한 근대의 시작점이었다. 막차가 끊긴 종점에 내린 것처럼 서울에 도착한 이들에게 돌아갈 곳은 존재하지 않았다. 고향을 떠난 이들에게 서울역은 물러설 수 없는 벼랑처럼 다가왔을 것이다.

　서울역에 내려 맞닥뜨렸을 막막함에 대해 생각한다. 지금까지와 다른 삶이 펼쳐질 것이라는 생각은 그러나 희망으로 가득한 설렘이 아니었을 것이다. 도시 빈민이 되어 하루하루 연명해야 했던 이들이 산업화의 늪에 빠진 자신의 모습을 발견하는 데는 그리 오랜 시간이 걸리지 않았으리라. 이들이 서울역 광장에 서서 대우빌딩의 높이에 압도당하는 가운데 발견한 것은 한없이 초라한 자신의 모습일 것이다. 일제강점기부터 오늘에 이르기까지 같은 모습으로 한자리를 지키고 있는 서울역을 볼 때면, 그곳을 지나간 여러 층위의 시간들이 오버랩된다. 그 시간들은 서로 다른 이야기를 담고 있지만, 슬픔과 고통을 관통한다는 점에서 다르지 않은 것이기도 하다. 수탈의 역사로부터 이향의 막막함에 이르기까지 우리의 근대화는 서구의 그것보다 더욱 빠르게, 그런 만큼 불안정하게 진행되었다. 기차는 우리에게 근대 이전에는 경험할 수 없었던 속도를 제공했지만, 근대의 속도는 대부분 비극으로 귀결되었다. 서울역이 비극적 근대와 깊은 관계를 맺고 있다는 사실은 그런 점에서 필연처럼 다가오기도 한다.

근대적 일상의
탄생과
경성의 거리

— 「소설가 구보 씨의 일일」을 따라 걷는
경성의 거리와 일상

박태원의 소설 「소설가 구보 씨의 일일」은 발표 당시 독자들에게 낯선 느낌을 주는 독특한 소설이었다. 많은 이들이 흔히 생각하는 것과 같은 소설 속 사건이나 갈등 없이 무의미하게 보내는 하루의 일상적 이야기를 다뤘기 때문이다. 「소설가 구보 씨의 일일」의 주인공 구보는 제대로 된 직장도 없이 글을 쓰며 근근이 살고 있다. 구보의 어머니는 아들이 결혼하기를 바라지만 구보는 결혼에 큰 관심이 없을 뿐만 아니라 변변한 능력도 없다. 그는 그저 하릴없이 경성 거리를 걷고 또 걷는다. 「소설가 구보 씨의 일일」은 특별한 줄거리 없이, 의식의 흐름에 따라 전개되는 소설이라는 점에서 당시 독자들에게 낯선 작품이었다. 이런 형식의 작품은 이제 어렵지 않게

박태원 소설집 『소설가 구보 씨의 일일』(문장사, 1938).
서울역사박물관 소장.

찾아볼 수 있게 되었지만, 근대적 일상을 다룬 점은 여전히 신선하다. 박태원의 「소설가 구보 씨의 일일」은 별다를 것 없는 일상을 보여줌으로써 우리 삶의 실체를 드러내려고 한다. 언뜻 생각하기에 이 작품은 가치 없는 이야기를 다룬 듯 느껴지기 때문에 의미 없어 보이기도 하지만 일상을 통해 우리 삶의 모습을 드러내고자 했다는 점에서 의미가 있다.

근대적 일상은 홍상수의 영화가 보여주는 이야기를 통해 쉽게 이해할 수 있다. 홍상수 영화의 사건은 그야말로 쓸모없어 보이는 삶의 풍경이다. 그러한 이야기를 통해 무슨 말을 하고자 했는지 알 수 없다는 관객들의 반응이 나오기도 하는 것은 영화 속 이야기가 무가치하고 무의미한 삶의 모습을 날것 그대로 재현하기 때문이다. 언뜻 보기에 그것에는 맥락이나 의미가 없는 것처럼 보인다. 그러나 일상을 포착한 홍상수의 작품들은 일상의 무가치함과 무의미함을 의도적으로 보여줌으로써 일상성의 비극을 드러내고자 한다. 그리하여 일상으로 이루어진 우리 삶의 실체와 비극을 제시하고자 한다. 이것이 바로 특별한 줄거리 없이 전개되는, 일상을 다룬 작품의 특징이다. 대체 무엇 때문에 작품으로 만들었을까라는 생각이 들 정도로 무의미해 보이는 이야기. 이때 감독이 주목한 것이 바로 일상이다.

　　박태원과 홍상수가 보여주려고 하는 일상은 과연 무엇인가? '일상'이라는 말은 우리가 흔하게 사용하는 단어이다. 우리 삶의 주변에 평범한 듯 늘 일어나는 일들을 우리는 일상이라고 부른다. 그런 의미에서 볼 때 일상은 우리의 삶을 둘러싼 평범하기 그지없는 하루하루를 말한다. 물론 우리의 삶을 이루는 평범한 날들을 일상이라고 부르는 것이 틀린 말은 아니다. 하지만 '늘 있어 왔던 어떤 날들의 시간이나 그 속에서 경험하게 되는 일' 따위만으로 일상을 설명할 수는 없다. '일상'은 생각보다 훨씬 더 철학적이며, 우리의 삶과 세계의 의미를 담고 있는 복잡한 개념이다. 놀랍게도 "19세기까지, 경쟁자본주의가 생겨날 때까지, 그리고 소위 〈상품의 세계〉가 전개되기 이전까지는 일상성의 지배가 없"*었다. 아마도 많은 이들

---

*앙리 르페브르, 박정자 옮김, 『현대세계의 일상성』, 세계일보, 1990, 74쪽.

이 이 점을 의아하게 생각할 것이다. 우리의 삶과 그것을 둘러싼 시간이 언제나 존재했다는 점에서 19세기 이전에 일상이 존재하지 않았다는 말은 언뜻 이해하기 힘들다. 그러나 일상은 분명 19세기 이전에는 존재하지 않았던, 근대의 시작과 함께 새롭게 탄생한 개념이다.

앙리 르페브르는 근대 이전의 시간은 '양식'(Style)을 지니고 있는 것이라고 말한다. 그 시절에는 "빈곤과 억압 속에서도 양식이 있었"*으며, "시대가 아무리 바뀌어도 그 옛날에는 생산물이 아니라 작품"**이 있었다. 즉 근대 이전의 시간은 모두 나름의 가치와 의미를 지니고 있었다는 것이다. 르페브르는 근대 이전에는 시골 마루에 놓인 옷장에도 양식이 있었다고 말한다. 그러나 근대 이후의 세계를 맞이하게 되며 우리는 양식을 잃어버렸다. "착취가 격렬한 억압의 자리에 대신 들어서는 동안 작품은 거의 사라지고, 그 대신 제품(상업화된)이"*** 들어선 것이다. 이제 우리를 둘러싼 삶이나 시간은 물론이고 작은 물건마저 작품이 아닌 제품으로 전락하고 말았다. 그곳에는 단편적인 기능이나 물화된 욕망만이 남아 있을 뿐이다.

이처럼 근대의 시간은 쓸모없이 흘러보내는, 무가치하고 무의미한 것이 되어버리고 말았다. 일상은 흔히 생각하는 것처럼 우리

---

*위의 책, 같은 쪽.
**위의 책, 같은 쪽.
***위의 책, 같은 쪽.

를 둘러싼 단편적인 시간이나 사건을 의미하는 것이 아니다. 그것은 근대 이후 산업화의 과정에서 생긴 것으로, 기존의 시간 개념과 다른 것이다. 산업혁명의 가운데 근대는 근대적 기계 문명과 맞닥뜨리게 되었는데, 기계 문명이 인간의 일을 대체함으로써 갖게 된 잉여의 시간이 바로 그것이다. 근대 이후의 사회는 이와 같은 시간이 지배하게 된 시기이다. 이것이 바로 근대적 일상이다. 그런데 일상은 애초부터 무가치하고 무의미하게 보내는 시간이라는 점에서 비극성을 지니고 있다. 근대 이후의 문명사회를 비극성의 시대라고 이야기하는 것은 이 때문이다. 이러한 일상 속에서 우리의 삶과 세계는 비극과 마주한 채 고통받는다. 이제 일상은 그 자체로 비극을 상정하는 개념이 되어버렸다.

현대인의 시간이 모두 무가치하고 무의미한 일상으로 이루어진 것은 아니지만 일상이 현대인의 삶을 지배하고 있는 것만은 분명하다. 오늘날 현대인들의 삶은 과거와 비교할 수 없을 정도로 바쁜 속도 속에 놓여 있다. 하지만 그것은 물리적으로 소화해야 할 일의 양이 많아져서이고, 더 많은 욕망을 채우기 위해서이지 우리 삶의 시간이 유의미한 것들로 채워져 있어서가 아니다. 생각해보라. 우리가 SNS를 하며 시간을 보내거나 게임을 하며 시간을 흘려보내는 순간을 말이다. 그것은 휴식이라고 말할 수도 없는, 무의미한 시간일 뿐이다. 근대 이후의 우리의 삶은 욕망 너머의 그 어떤 것들을 갖게 되기를 원하지 않는다. 현대인의 삶은 그저 욕망을 향해 나아갈 뿐이다. 욕망 속에 놓인 시간은 우리에게 유의미한 것들을 만들어내지 못한다. 인간은 더 이상 삶의 본질에 대해 성찰하지 않는다. 성찰이 멈춘 자리는 욕망으로 대체되었고, 욕망은 끝도 없이 우리의 삶을 자극할 뿐이다. 삶의 본질에 대한 사유는 흔적도 없이 사라지게 되었다. 욕망으로 가득한, 욕망만 남게 된 것이 현대인의 삶이다.

근대도시 경성은 우리나라에 이러한 근대적 일상이 펼쳐진 최초의 공간이다. 박태원의 「소설가 구보 씨의 일일」은 근대도시 경성에서 펼쳐지는 무가치하고 무의미한 일상의 모습을 보여준다. 「소설가 구보 씨의 일일」은 특별한 사건 없이 주인공 구보의 하루를 그저 열거할 뿐이다. 소설은 인물 사이의 갈등도, 갈등의 해소도 없이 아무것도 아닌 것만 같은 하루의 일들을 보여준다. 독자들은 이 소설이 대체 무엇을 말하고 싶어 하는지, 작가가 왜 이러한 이야기를 하고자 하는지 혼란스럽다. 「소설가 구보 씨의 일일」의 주인공 구보는 할 일 없이 서울의 거리를 걷는다. 구보는 그저 거리의 풍경을 바라볼 뿐이고, 누군가와 만나 특별할 것 없는 이야기를 나눈다. 소설을 다 읽고 나도 특별한 사건과 갈등 같은 것들은 떠오르지 않는다. 그런데 바로 이것이 작가가 드러내려고 했던 근대성의 일상이다. 아무것도 아닌 모습을 보여줌으로써 작가는 근대가 지니고 있는 무의미함을 보여주려고 한 것이다. 그리하여 아무것도 아닌 이야기는 이내 근대성의 비극이 되어 우리에게 다가온다.

구보는 하루 동안 서울의 거리를 걷는다. 구보는 집을 나와 광교로 향하는 천변길을 걷는다. 이때 구보 앞에 세 명의 여학생이 지나가지만 그뿐이다. 구보 앞에 펼쳐진 것들은 특별한 사건을 만들지 않은 채 사라진다. 구보는 종로 네거리를 걷고, 전차 선로를 횡단하여 화신백화점으로 간다. 그리고 전차를 타고 목적지 없는 배회를 하다가 예전에 한 번 만난 적 있는 여자를 마주치기도 하지만 역시 아무런 사건은 일어나지 않는다. 구보는 조선은행 앞에서 내려 다방에 들른다. 이후에도 소설은 특별할 것 없는 장면과 거리를 걷고 또 걷는 구보의 모습을 보여줄 뿐이다. 구보의 하루는 아무 의미 없는 행동으로 가득하다.

일제강점기의 근대도시 경성을 걷는 구보의 모습은 벤야민이 말한 근대적 산책자의 모습이다. 의미 없는 근대도시 속에서 개인은 타자화되어 외부자의 시선으로 도시의 풍경을 바라볼 뿐이다. 산책자에게 그 어떤 '사건'은 생기지 않는다. 산책자는 그저 무의미한 개인일 뿐이고 근대도시를 무감각하게 걷는 자일 뿐이다. 이러한 산책자의 삶은 근대적 일상의 모습과 연결되어 있다. 잉여의 시간을 갖게 된 일상 속에서 우리들은 그저 타자화 된 산책자의 모습으로 무의미하게 도시를 걷는다.

구보는 갑자기 걸음을 걷기로 한다. 그렇게 우두커니 다리 곁에 가 서 있는 것의 무의미함을 새삼스러이 깨달은 까닭이다. 그는 종로 네거리를 바라보고 걷는다. 구보는 종로 네거리에 아무런 사무도 갖지 않는다. 처음에 그가 아무렇게나 내어놓았던 바른발이 공교롭게도 왼편으로 쏠렸기 때문에 지나

지 않는다. *

갑자기 걷기 시작한 구보는 "우두커니 다리 곁에 가 서 있는 것의 무의미함을 새삼스러이" 깨닫는다. 그는 "아무런 사무도 갖지 않"고 있음에도 하릴없이 그곳까지 걸었던 것이다. 그런 점에서 근대적 거리인 종로를 걷는 구보의 행위는 무의미한 근대적 일상의 모습이다. 구보가 종로 네거리에 간 것은 특별한 볼일이 있어서가 아니다. 그가 그곳에 간 것은 그저 "아무렇게나 내어놓았던 바른발이 공교롭게도 왼편으로 쏠렸기 때문"이다. 이러한 구보의 행동에 특별한 의도나 의미는 없다. 모든 것은 우연일 뿐 소설의 '사건'으로 기능하지 않는다. 「소설가 구보 씨의 일일」은 일상이 주된 삶의 양식이 되어버린 근대도시의 삶을 가감없이 보여준다. 소설 속 구보의 모습은 근대적 세계의 비극과 슬픔을 제시하는 상징이다.

구보는 경성의 거리를 걷고 또 걸으며 하루를 보낸다. 구보가 걷고 있는 곳은 근대도시 경성이고 그곳을 걷는 구보의 모습에서 우리는 근대적 삶을 떠올린다. 「소설가 구보씨의 일일」이 보여주는 것은 단순히 근대도시의 모습만이 아니다. 이 소설이 주인공 구보의 하루를 통해 전하는 것은 근대적 삶이 지니고 있는 속성과 특징이다. 이 소설을 통해 우리는 근대 이전의 모습과 다른 근대적 삶을 살필 수 있다. 당연히 그것은 단순히 근대 문물을 사용하거나 도시

*박태원, 「소설가 구보씨의 일일」, 『소설가 구보씨의 일일』, 문학과지성사, 2005, 96쪽.

에서 살고 있는 모습만을 의미하는 것이 아니다. 앞에서 이야기한 근대적 일상의 문제는 근대 이후에 달라진 시간 개념에 대한 것이기도 하다. 근대적 삶은 물리적인 도시의 모습 이외에 시간의 개념 자체가 바뀐 하나의 사건이었다. 그것은 대체적으로 부정적인 의미를 지니고 있는 것이지만 그것이 근대성을 대표하는 것은 분명하다. 근대 이전의 시간과 다른 근대의 시간. 우리는 그것을 일상이라고 부른다. 그리고 이러한 일상은 우리가 살고 있는 세계를 지배하며 일상성의 세계를 만들어낸다.

근대적 세계가 우리 삶의 전면에 등장한 뒤 확대된 것은 1930년대이다. 조선의 개항과 일제강점기는 훨씬 전의 일이지만 1930년대 즈음에서야 도시는 근대적 면모를 갖추고 근대적 삶의 양상이 본격화된다. 물론 1930년대 이전에도 현대적인 건물과 백화점, 전차 등의 근대적 모습이 있었지만 이러한 근대적 풍경은 1930년대에 확대되었다. 백화점의 경우에도 1920년대에 주요 백화점이 문을 열었지만 1930년대에 이르러서야 백화점 영업이 본격화되었다. 1930년대의 경성은 현대적인 건물이 다수 들어섰으며, 도로와 자동차, 전차, 백화점, 일루미네이션, 옥상정원, 엘리베이터 등을 통해 근대도시의 면모를 드러내기 시작했다. 그리고 이러한 도시적 환경은 우리의 삶에 근대성을 부여했다. 따라서 1930년대는 근대적 도시가 우리의 삶에 '적극적'으로 개입한 최초의 시기라고 볼 수 있다. 이때 등장한 근대성은 물리적인 도시 공간을 만들었을 뿐만 아니라 우리 삶의 양상과 인식, 시간까지 근대적인 것으로 바꾸어버렸다. 구보가 걷는 공간 역시 이러한 근대적 도시 공간으로서의 경성이다.

 그래도, 구보는, 약간 자신이 있는 듯싶은 걸음걸이로 전차 선로를 두 번 횡단해 화신상회 앞으로 간다. 그리고 저도 모를 사이에 그의 발은 백화점 안으로 들어서기조차 하였다.
 젊은 내외가, 너덧 살 되어 보이는 아이를 데리고 그곳에 가 승강기를 기다리고 있었다. 이제 그들은 식당으로 가서 그들의 오찬을 즐길 것이다. 흘낏 구보를 본 그들 내외의 눈에는 자기네들의 행복을 자랑하고 싶어하는 마음이 엿보였는지도 모른다.[*]

 구보가 걷는 근대도시 경성에는 이미 근대적 욕망의 총아라고 할 수 있는 백화점이 존재했다. 실제로 1920년대 중후반 이후, 경성에는 히라타, 조지야, 미나카이, 미쓰코시 등의 일본 백화점과 조선인이 운영하는 화신백화점이 있었다. 백화점은 근대적 욕망을 대표하는 공간인데, 그만큼 근대적 세계가 극명하게 나타나는 곳이라고 볼 수 있다. 구보의 일상이 이와 같은 백화점, 전차, 다방, 경성의 거리 등 근대적 공간을 중심으로 이루어지는 것은 그것이 곧 근대성과 깊은 연관을 맺고 있음을 방증한다. 그리고 이때의 근대성은 근대적 시간이 지니고 있는 일상성과 깊은 관계가 있다.

---

[*] 위의 책, 97쪽.

물론 1930년대에 본격화된 근대적 삶의 모습이 당대의 삶을 대표한다고 볼 수는 없다. 모던보이, 모던걸이 근대적인 거리를 활보하고 근대적 풍경이 경성의 거리를 채웠지만 이러한 근대도시의 모습이 우리나라 전체의 보편적인 것이라고 할 수는 없다. 경성을 제외한 대부분의 지역은 여전히 농경 중심 사회의 모습이었고, 근대적 삶을 구가하는 사람 역시 다수라고 볼 수 없었다. 하지만 근대적 삶의 양상이 우리 사회의 새로운 변화에 적지 않은 영향을 미쳤음을 생각한다면 1930년대의 이러한 변화가 우리의 근대성에 중요한 기점이라는 점은 분명하다. 그리고 그러한 변화의 한가운데 근대적 일상이 탄생했다는 점은, 근대도시 경성의 탄생과 맞물리며 의미심장하게 다가온다.

종로 네거리─ 가는 비 내리고 있어도, 사람들은 그곳에 끊임없다. 그들은 그렇게도 밤을 사랑하여 마지않았는지도 모른다. 그들은 그렇게도 용이하게 이 밤에 즐거움을 구하여 얻을 수 있었는지도 모른다. 그리고 그들은 일순, 자기가 가장 행복된 것같이 느낄 수 있었는지도 모른다. 그러나 그들의 얼굴에, 그들의 걸음걸이에 역시 피로가 있었다. 그들은 결코 위안받지 못할 슬픔을, 고달픔을 그대로 지닌 채, 그들이 잠시 잊었던 혹은 잊으려 노력하였던 그들의 집으로, 그들의 방으로 돌아가지 않으면 안 된다.[*]

일제강점기, 구보가 걸었던 경성의 거리를 생각한다. 그리고 그 거리를 걷던 수많은 '구보들'의 삶을 생각한다. 그것은 근대적 일상 속에서 무가치하고 무의미한 삶을 살 수밖에 없는 이들의 모습이면서 동시에 일제강점기의 비극 속에 고통받던 식민지 조선인의 슬픈 모습이다. 우리에게 근대적 일상은 이러한 이중의 고통을 드러내며 다가왔다. 그러나 우리는 이상하리만치 근대적 일상이 전하는 비극에 대해 생각하는 경우가 많지 않다. 뿐만 아니라 근대적 세계가 어떤 의미를 지니고 있는지 생각하는 경우도 많지 않다. 우리에게 근대는 문명화된 새로움이나 기계 문명의 등장 정도로 인지될 뿐이다. 또한 근대 이후의 문명사회가 전하는 비극에 대해 말하는 경우는 많지만 근대성의 본질이라고 할 수 있는 일상성의 비극은 그 개념조차 모르는 경우가 많다.

근대적 일상이 시작된 일제강점기 근대도시 경성의 거리를 생각한다. 근대도시 경성은 근대적 일상의 출발점이라는 점에서 오늘날 우리의 삶과도 깊은 관련을 맺는다. 소설가 구보 씨의 어느 하루는 지금도 그때와 다를 바 없이 펼쳐진다. 앞으로도 근대적 일상의 비극은 결코 끝나지 않을 것이다. 일상은 아무것도 아닌, 비루한 것이지만, 그것은 결코 무너지지 않는다. 우리는 결코 일상을 벗어날 수 없으며, 일상의 무서움은 바로 여기에 있다. (일상을 떠난) 여행에서 돌아온 순간 또다시 일상과 맞닥뜨리게 되는 것처럼, 일상

＊위의 책, 156-157쪽.

은 결코 무너지지 않은 채 우리의 삶 주변을 영원토록 배회하며 서성이는 것이다.

II

경성, 서울, SEOUL

종로3가,
근대사를 관통하는
고단한 삶의 흔적

　서울 거리 중에서 종로3가만큼 다양한 의미를 지니고 있는 곳도 드물 것이다. 종로3가는 다양한 이슈와 연관되어 있으며, 우리 삶의 다채로운 지점을 고민하게 한다. 하지만 이런 종로3가의 모습을 사유의 대상으로 삼지 않고 그저 가십으로 소비하거나 가볍게 보아 넘기는 경우가 많다. 성소수자들이 모이는 지역적 특성은 가십과 호기심으로 치부되기 일쑤였고 탑골공원을 중심으로 이야기되는 노인 문제 역시 커다란 이슈를 만들어내지 못했다. 종로3가는 구도심의 남루한 이미지가 덧씌워진 채 오래도록 주목받지 못했다. 그러나 종로3가는 다양한 사회적 문제와 연결된, 근대사의 중요한 공간이며 상징이다. 종로3가는 노인, 성소수자, 매춘, 젠트리피케이선, 쪽방촌, 기생집 등과 관련하여 다양한 이슈가 있는 곳이다. 그만큼 우리의 삶이나 근대사와 관련하여 많은 논의가 가능한 지역인 것이다.

종로3가가 한국전쟁 이후 60년대 후반까지 사창가였다는 것은 꽤 알려진 사실이지만 요즘 세대들에게는 낯선 이야기이기도 하다. 1960년대나 70년대 우리나라 소설 속에 '종삼'이라는 명칭이 나오는 경우가 많은데, '종삼'은 종로3가 지역의 사창가를 통칭하는 말이었다. 최일남의 소설 「서울의 초상」이나 김성종의 소설 「어느 창녀의 죽음」은 당시 사창가였던 '종삼'의 모습을 보여주고 있다. 사창가인 '종삼'이 생긴 시기는 해방 직후부터였는데 한국전쟁 이후에 규모가 확대되었다. 규모가 컸을 때는 종로3가 지역인 탑골공원과 낙원동뿐만 아니라 인근 지역인 종로4가와 5가, 봉익동, 훈정동, 와룡동, 묘동, 권농동, 원남동, 관수동, 장사동, 예지동 등 광범위했다고 한다. 그 범위는 남북으로 200m, 길이로는 1km에 달했다고 하니 놀랍다.

사창가로서 '종삼'이 자리한 곳은 지리적으로 특이한 위치였다. 일반적으로 사창가가 기차역 부근이나 군부대 인근에 형성되는데 반해, '종삼'은 도심 한가운데 위치했다는 점에서 다른 지역 사창가와 차이가 있다. 우리나라는 건국 이래 단 한 번도 사창이 합법적인 지위를 가진 적이 없었다. 그럼에도 서울 도심 한가운데 대규모 사창가가 형성되었던 것이다. '종삼'은 1968년 9월 27일부터 10월 5일까지 있었던 일명 '나비작전'*으로 사라지게 된다. '종삼'은

◁ 나비작전 신문 기사. 《경향신문》 1968년 10월 5일자.
△ 1967년 어느 비 오는 날 밤 길가에서 호객 행위를 하
는 종삼 여인들의 모습.

한국 근대사의 단면을 살펴볼 수 있는 곳이며, 당시 문학 작품을 통
해 성매매와 성 판매자 여성에 대한 인식의 한계를 파악할 수도 있
다. '종삼'을 형성하던 공간의 일부는 지금의 돈의동 쪽방촌으로 남
아 있다.

　　그리고 성매매 지역으로서의 '종삼'과는 다른 이야기이기는 하
지만 1960-70년대 종로3가 지역에는 기생집이 즐비했다. 대한제국
의 패망과 함께 궁중의 숙수를 비롯한 이들이 이 지역에 기생집을

＊당시 성 판매자를 '꽃'으로, 성 구매자는 '나비'로 표현했다. '나비작전'은 서울시에서 실행한
것으로, 성 판매자가 아닌 성 구매자를 단속하여 성매매를 하지 못하게 하는 것이었다. '나비
작전'은 방송에서 대대적으로 보도했으며 한국전력 직원이 총동원되다시피 하여 '종삼' 골목 입
구를 100V짜리 전구로 밝혔다. 또한 경찰과 공무원이 골목에 들어서는 사람들의 신상을 파악
했는데, 이 결과 '종삼'에는 사람들의 발길이 끊기게 되었다. 포주와 성 판매자에 대한 설득 작
업도 병행했다. 김현옥 당시 서울시장은 '나비작전'이 10월 말까지 이어질 것으로 예상했었는데
사람들의 발길이 끊기면서 예상보다 빠르게 '나비작전'을 마무리하게 되었다. ― 「서울 만들
기10. 나비작전」,《조선일보》, 2003. 9. 16. 참조.

차려 영업했다. 또한 국악 관련 업체 역시 종로3가 지역에 밀집했는데, 이러한 지역적 특성으로 이 지역에 한복집이 생기기 시작했다. 국악 관련 종사자들과 기생집에 종사하는 이들의 한복 수요가 많았기 때문이다. 종로3가를 걷다가 다른 상점과 어울리지 않게 자리 잡고 있는 한복집을 마주치는 경우가 많은 것은 그래서다. 또한 기생집은 한국 정치사의 어두운 이면과 연관이 있기도 하거니와 기생 관광이라는 오욕의 역사가 있는 곳이기도 하다.

그리고 종로3가를 이야기할 때 빼놓을 수 없는 것이 바로 성소수자 관련 이슈이다. 종로3가 인근은 오래전부터 성소수자들의 커뮤니티가 형성된 곳이다. 종로3가에는 그들이 주로 이용하는 업소가 있으며, 특히 주말이면 성소수자 커뮤니티의 모임이나 만남이 자주 열리곤 한다. 그런데 종로3가 성소수자와 관련된 이야기는 상당 부분 가십으로 소비되는 경우가 많다. 이들에 대한 인식이 과거보다 나아졌다고는 하지만 성소수자에 대한 이야기를 여전히 홍밋거리로 여기는 이들이 적지 않다. 성소수자들은 비교적 개발이 덜된 이곳에 모여 커뮤니티를 형성했는데, 그 역사가 짧지 않은 만큼 종로3가를 논할 때 이들을 빼고 이야기할 수 없다. 하지만 종로3가 익선동 인근에 관광객이 몰리면서 이들 커뮤니티의 입지는 상대적으로 좁아질 수밖에 없었다. 더구나 익선동 지역이 주목받으며 결성된 지역 협의체 구성원에서 성소수자가 배제되는 일이 생기기도 했다. 종로3가는 오래도록 성소수자 커뮤니티가 활동하던 곳인 만큼, 이들은 당연히 종로3가의 주요 구성원이다. 이들이 이곳에서 밀려나거나 배제되지 않고 공존하게 되기를 바란다.

또한 종로3가는 노인 문제의 단면이 적나라하게 드러나는 곳이기도 하다. 노년 세대의 경제적 궁핍함과 여가를 즐길 만한 환경의 부재, 그리고 노년의 성(性)에 이르기까지 종로3가는 우리나라 노인 문제를 고스란히 보여주고 있는 곳이다. 이곳에는 노인들을 위한 무료 급식소가 있으며, 주머니 사정이 안 좋은 노인들을 대상으로 장사를 하는 곳이 많은 만큼 다른 지역에 비해 물가가 낮은 편이다. 노인들은 이곳에 모여 노년의 적적함을 달래기도 하는데, 역설적이게도 노인 문화의 부재를 적나라하게 드러내는 곳이 바로 종로3가이다. 경제적으로 여유가 있는 노인들은 그나마 인근 상점에서 식사를 하고 술을 마시며 하루를 보내기도 하지만 그렇지 않은 노인들은 탑골공원에 할 일 없이 모여 앉아 하루를 보낸다. 이들은 무료 지하철을 타고 이곳까지 나와 무료 급식소에서 밥을 먹고 시간을 보내다 집으로 돌아간다. 노인들이 즐길 만한 문화가 거의 없는 상황에서 노인들이 할 수 있는 일은 별로 없어 보인다.

탑골공원 인근에서 이뤄지는 노인 성매매가 사회 문제화되기도 했다. '박카스 아줌마'로 불리는 이들과 노인들 사이의 성매매 문제는 영화(〈죽여주는 여자〉)로 만들어져 반향을 불러일으켰다. 노인 성매매 문제는 성매매 문제뿐만 아니라 노인의 성(性)이라는 본질적인 문제와도 맞물리며 여러 가지 생각을 하게 만든다. 노인의 성은 그동안 말해서는 안 되는, 존재하지만 존재하지 않는 것처럼 치부되었었다. 탑골공원 인근의 노인 성매매 문제는 이처럼 말할 수 없는, 아니 말해서는 안 될 것만 같은 노인의 성 문제가 잘못된 방향으로 표출된 것이기도 하다.

종로3가에는 노인들의 거리라는 의미에서 이름이 붙여진 '송해길'이 있다. 또한 노인들만을 위한 술집까지 있다고 하니, 종로3가에 얼마나 많은 노인들이 모이는지 짐작할 수 있을 것이다. 종로3가는 방치된 노년의 모습이 적나라하게 드러난 공간이다. 이곳에서 지금 볼 수 있는 노인 문제는 우리가 그동안 애써 외면해왔던 것들이다. 그것은 노년을 맞이한 부모 세대의 문제이기도 하지만 머지않아 맞이하게 될 우리 자신의 문제이기도 하다. 이외에도 종로3가는 젠트리피케이션과 쪽방촌 등의 문제가 있지만 두 이야기는 익선동과 돈의동 편에서 자세하게 다루기로 한다.

종로3가는 이처럼 다양한 문제가 내재해 있는 지역이다. 그것은 때로 역사의 문제와 결부되기도 하고 우리의 삶이 지향해야 하는 것이 무엇인지 알려주기도 한다. 종로3가는 단순히 지역이라는 공간에 머물지 않고 우리가 살고 있는 세계의 여러 문제에 대한 질문을 던진다. 소수자와 여성의 문제에 대해 반성적 태도를 갖게 하기도 하고 노인 문제나 젠트리피케이션, 가난의 문제까지 고민하게 한다. 우리가 삶을 영위하는 곳이 단순히 공간에 머물지 않는 것은 바로 이런 이유 때문이다. 공간에는 삶이 담기기 마련이고, 삶이 담긴 공간은 우리 삶과 세계의 다양한 문제와 연결된다. 그동안 종로3가를 무심히 지나쳤다면 다음번에는 종로3가 곳곳에 숨어 있는 의미와 상징을 찾아보기를 바란다. 그렇다면 공간은 의미가 되어 우리 앞에 놀라운 이야기를 펼쳐놓을 것이다. 그것은 세계에 대한 이해이고 철학이며 슬픔, 회한, 고통 등을 드러내는 삶이자 상징이다. 그리하여 종로3가의 골목은 우리에게 의미 있는 세계가 되어 다가올 것이다.

익선동,
일제강점기로부터
젠트리피케이션의 현장까지
100년

익선동이 하루아침에 변하게 된 그날이 기억난다. 일제강점기와 산업화, 도시화를 거치면서도 100여 년의 세월을 견딘 익선동이 하루아침에 관광지가 되어 젠트리피케이션의 대표적인 장소가 된 그날이 생각난다. 100여 년을 지켜온 한 동네가 무너지는 것은 너무나 간단한 일이었다. 익선동의 소박한 일상을 담은 모 방송사의 다큐멘터리 한 편으로 모든 것이 바뀌고 말았다. 방송이 나간 이후에 꼬리에 꼬리를 물고 미디어의 집중적인 조명이 이루어졌고 한적한 익선동 골목은 밀려드는 관광객들로 넘쳐나기 시작했다.

익선동은 서울이 급격하게 변하는 동안에도 옛 모습을 원형에 가깝게 지키고 있는 곳이었다. 그곳은 외부와 단절된 섬처럼 남아 지난 100여 년의 세월을 고스란히 간직하고 있었다. 익선동은 마치 시간이 멈춘 것처럼 옛 모습이 그대로 남아 있는 놀라운 곳이었다. 익선동이 간직하고 있던 옛 모습은 한옥과 골목 등만이 아니었다. 익선동은 불과 몇 년 전까지만 하더라도 전형적인 주택가의 정서가 남아 있는 곳이었다. 그곳은 마치 시골 마을의 어느 골목을 연상시킬 정도로 정이 넘치는 곳이었다. 시골에서나 볼 수 있을 것 같은 작은 상점이 골목마다 있었고, 저녁이면 골목길에 돗자리를 펴고 앉아 마을 주민들이 이야기꽃을 피우던 곳이 바로 익선동이었다.

그러던 2010년대 중반, 한 방송사의 프로그램이 전파를 탄 이후 익선동은 슬픈 변화와 맞닥뜨리게 되었다. 도시 개발이 어느 한 곳만의 문제는 아니었지만 익선동의 변화는 다른 곳과는 비교할 수 없을 정도로 급격한 것이었다. 익선동을 집중적으로 소개한 다큐멘터리 제작진의 선의는 충분히 이해하지만 결과적으로 익선동은 그 방송으로 인해 많은 것들을 잃어야 했다. 세월이 흐르면서 삶의 공간이 변하는 것은 자연스러운 일이다. 그런 점에서 익선동이 변한 것 자체가 문제가 되지는 않는다. 하지만 변화의 방법이 문제였다. 세월의 흐름에 따라 자연스럽게 변하는 경우는 지역 주민들이 받는 충격이 덜하기 마련이다. 심지어 여러 문제가 발생하곤 하는 재개발의 경우에도 미흡하나마 변화에 대한 논의가 먼저 이루어진다. 그런데 익선동처럼 하루아침에 관심을 받게 된 지역은 아무런 대비도 없는 상태에서 감당할 수 없는 변화를 받아들여야 한다.

익선동이 집단 한옥 거주지의 모습을 갖춘 것은 일제강점기 때이다. 당시만 하더라도 익선동 등 북촌 지역은 조선인들의 거주지로, 명동과 충무로 등 청계천 이남 남촌 지역은 일본인들의 거주지로 나뉘어 있었다. 그러던 것이 1920년대에 조선으로 이주한 일본인들이 많아지자 일본인들은 익선동에 적산 가옥을 짓고 그곳으로 이주하려고 했다. 이에 조선인 건축업자 정세권*이 일본인의 북촌 지역 이주를 막고자 익선동 일대 토지를 매입하여 개량 한옥을 지었는데, 이것이 익선동 한옥단지의 시초이다. 그가 익선동에 지은 한옥은 전통 한옥이 아니었지만, 거기에는 이러한 민족적 의지가 투영되었다는 점에서 그 의미가 깊다. 정세권은 일제강점기의 부동산 개발업자이자 민족사업가, 독립운동가이다. 익선동과 북촌 등의 지역에 개량 한옥을 지었으며 조선물산장려회와 신간회 등의 활동

*정세권은 일제강점기의 부동산 개발업자이자 민족사업가, 독립운동가이다. 1888년 4월 10일 경상도 고성현 이운면(현 경상남도 고성군 하이면 덕명리)에서 정필석(鄭必晳)의 아들로 태어났다. 북촌과 익선동을 비롯하여 가회동, 봉익동, 성북동, 혜화동, 창신동, 서대문, 왕십리, 행당동 등 경성 전역에 한옥 대단지를 건설했다. 그는 단순히 집을 지어 파는 데 그치지 않고 토지를 매입하여 대단위 부동산 프로젝트를 기획하고 실행했다. 그런 점에서 근대적 디벨로퍼(Developer)라고 할 수 있다. 12세에 진주 백일장에서 장원을 했고, 3년 과정의 진주사범학교를 1년 만에 수료했다. 졸업 직후인 1905년 참봉에 제수되었으며 1910년 하이면 면장이 되었다. 생활 환경 개선에 힘쓴 결과로 전국 우수 면장에 선정되기도 했다. 그러나 일제의 녹을 먹는 것에 회의를 느껴 1912년 면장을 사임했다. 이후 고향에서 평범한 생활을 하던 그는 1910년대 후반, 주택 사업에 본격적으로 뛰어들었다. 당시 경성은 엄청난 인구 증가를 겪고 있던 데다가, 청계천 남쪽 지역에 주로 거주하던 일본인들이 조선인 주거지인 청계천 북쪽 지역까지 진출하려 했다. 이에 정세권, 김종량, 이민구 등의 조선계 건축업자가 민간 주택 사

다음 페이지 계속

에 적극 가담했다. 또한 조선물산장려회관을 지어 기증했으며 조선어학회에 재정 지원을 했다. 이러한 활동과 관련하여 고초를 겪는 등 민족적 의지가 남다른 사람이었다. 좁은 필지를 최대한 이용하여 개량 한옥 형태로 지은 익선동 한옥단지는 당시 서민들에게 알맞은 주거지였다.

익선동 한옥단지의 매력 중 하나는 숨어 있는 듯 이어지는 골목이다. 익선동 한옥단지는 지구 단위의 개발이었지만 서민들이 주거할 집을 많이 짓는 것에 중점을 두었기 때문에 한옥이 빽빽하게 들어설 수밖에 없었다. 그런데 오히려 이런 이유로 인해 단지 곳곳에 골목이 생기게 되었다. 골목을 중심으로 마을 주민들의 왕래가

업에 진출하여 조선인의 영역을 지키고자 했다. 정세권은 기존 양반들이 소유했던 땅을 쪼개어 소규모의 개량 한옥을 공급했는데, 전통 한옥을 ㅁ 자 안에 집약하고 부엌과 화장실을 신식으로 개선하는 등 근대적 양식을 차용했다. 그러나 당시 정세권에 대한 평가는 매우 인색했으며 최근까지도 제대로 알려진 바 없었다. 당시 그는 '집장사'로 불리며 평가절하 되었는데, 당대 최고 건축가였던 박길룡은 양반 소유의 뜰과 저택을 부수고 소규모 한옥을 밀집하여 개발하는 것에 대하여 주거 환경을 악화시키는 것이라고 비난하기도 했다. 그러나 정세권의 노력으로 일본인들의 주거지가 청계천 북쪽 지역으로 확장되는 것을 막을 수 있었다. 또한 개량 한옥이라고는 하지만 그가 아니었다면 한옥 건설 기술의 맥이 끊겼을 수 있다는 지적도 있다. 북촌 지역의 한옥이 중산층 이상을 위한 것이었다면 익선동 지역의 개량 한옥은 서민들을 위한 주택이었다. 현재 젠트리피케이션이 나타나고 있는 익선동 166번지 일대는 전계대원군의 후손들이 살던 누동궁을 개발한 것이다. 또한 정세권은 민족사업가와 독립운동가로서 활동하기도 했다. 조선물산장려회와 신간회 등의 활동에 적극적으로 참여했는데, 낙원동 300번지에 조선물산장려회관을 지어 기증했으며 조선어학회에 재정 지원을 했다. 그는 이러한 활동과 관련하여 일제로부터 고문을 받았으며 뚝섬의 토지 35,000평을 강탈당하기도 했다. 이후 정세권의 사업은 쇠락의 길에 빠졌다. 그는 1950년대 말에 경상남도 고성군 하이면 덕명리로 혼자 낙향하여 1965년 9월 14일 사망했다. 사후인 1968년 대한민국 정부로부터 대통령표창이 추서되었으며, 1990년 건국훈장 애족장이 추서되었다. — 김경민, 『건축왕, 경성을 만들다』, 이마, 2017, 요약 정리.

빈번하게 이루어지면서 시골 마을의 정취가 2000년대까지 이어졌다. 익선동 지역 주민들은 2010년대 중반 개발 붐이 있기 전까지 이런 분위기를 유지하며 삶을 이어왔다. 물론 익선동 지역도 개발을 진행하려던 움직임이 있었다. 지어진 지 100년 가까이 되는 탓에 생활하는 데 여러 가지 불편함이 있었기 때문이다. 주민들은 복합상업시설로의 재개발을 추진했고 마침내 2004년 도시환경정비구역으로 지정되기에 이른다. 그러나 도시 정비가 지지부진한 데다가 주민들 사이에 의견이 엇갈리면서 도시환경정비구역 지정 10년 만인 2014년에 주민 스스로 재개발을 포기하게 되었다.

100여 년 가까이 이어온 한옥단지는 이렇게 명맥을 잇게 된다. 이런 사정을 모르는 이들에게 익선동은 이상하고 낯선 동네일지도 모른다. 종로 한복판 금싸라기 땅에 개발되지 않고 방치되다시피 한 마을이 있으니 말이다. 도시 한복판에 이런 대규모 한옥 거주지가 남아 있는 곳은 흔치 않다. 이런 사연을 안고 한옥마을로 남게 된 익선동 지역이 레트로 열풍과 맞물리며 새롭게 주목을 받게 된 것이다.

2016년 모 방송사의 다큐멘터리가 방송된 이후, 익선동은 그야말로 천지개벽을 하게 되었다. 골목마다 관광객들이 넘쳐났고 마을 주민들이 살던 공간은 빠르게 술집과 카페 등으로 대체되었다. 거주하던 주민뿐만 아니라 그곳에서 장사를 하던 이들 역시 하루가 다르게 오르는 임대료를 감당하지 못하고 어딘가로 하나둘 떠나게 되었다. 익선동을 이렇게 만든 이들 중에는 외부에서 들어온,

권리금을 노린 전문적인 장사꾼이나 지역 재생을 내세운 부동산 투기 업체까지 있었다. 오랜 세월 정을 붙이고 살던 집을 팔고 떠난 이들도 안타깝지만 더 큰 문제는 세 들어 사는 이들이었다. 집이 낡은 탓에 세가 저렴했던 익선동에 살던 이들은 이사할 곳을 찾기도 쉽지 않았을 것이다.

익선동이 이렇게 부너지는 데는 불과 2-3년, 길어야 4-5년이 걸렸을 뿐이다. 100여 년의 세월을 견딘 익선동이 무너진 것은 정말 순식간이었다. 해방을 맞이하고, 이후 서울이 화려한 도시로 변화를 거듭할 때에도 익선동은 일제강점기의 모습 그대로였다. 그곳은 마치 시간이 멈춘 듯 옛날 모습 그대로 남았다. 2000년 이후에도 변한 것은 없었다. 한옥에는 고단한 이웃들의 삶이 두런거리고 있었고, 골목 한편에 돗자리를 펴고 앉은 주민들이 한가로이 여름밤을 보내는 그런 곳이었다.

익선동이 핫플레이스가 된 데에는 레트로 열풍이 자리하고 있었다. 한옥의 특별함과 골목에서 느낄 수 있는 독특한 정취가 사람들의 마음을 사로잡았던 것이다. 그러나 과연 그것뿐이었을까? 익선동의 한옥은 근사한 전통 한옥이 아니다. 익선동의 한옥은 서민들을 위해 지은 집이며 대체적으로 비좁다. 뿐만 아니라 100여 년의 세월이 흐르면서 살기에 불편함이 따르는 낡은 집이었다. 사람들의 마음을 사로잡은 익선동의 특별한 정취는 사실 고단했던 과거의 삶에 대한 향수에서 비롯된 측면이 크다. 그러나 고단했던 시절에 대한 향수는 오늘의 관점에서, 타자가 되어 바라볼 때 가능한 것이다. 정작 그곳에 살고 있는 이들에게 그것은 향수가 될 수 없다. 주민들에게 그곳은 치열한 삶의 현장이자 고단한 몸을 누일 수 있는 안식처일 따름이다. 비좁은 한옥에서 산다는 것은 쉽지 않은 일이다. 그런 삶은 결코 구경거리가 되어서는 안 된다.

최근 레트로 열풍이 불고 있다. 익선동 역시 레트로 열풍으로 인해 사람들의 관심을 받고 있는 곳 중 하나이다. 그런데 우리는 레트로가 다른 사람의 삶을 향할 때 빈곤 포르노가 된다는 것을 잊는 경우가 많다. 물론 단순히 과거에 대한 향수라면 문제될 것이 없다. 그러나 스스로 타자가 되어 다른 사람의 삶을 바라볼 때는 문제가 된다. 다른 사람의 낡은 집이나 오래된 동네를, 혹은 고단한 노동의 현장이나 가난한 삶의 정경을 바라보는 것은 폭력이 되기도 한다. 많은 이들이 익선동에서 바라본 것이 혹시 그런 것들은 아니었을까? 그리고 그런 시선이 레트로라는 그럴듯한 이름이 되어 그들을 삶의 터전에서 쫓아낸 것은 아니었을까?

익선동이 사람들에게 주목받던 초창기 어느 카페가 기억난다. 한옥의 뼈대만 남긴 채 '힙'한 공간으로 변신한 그곳에는 더 이상 익선동의 흔적이 남아 있지 않았다. 낡은 가구와 그릇을 인테리어 삼아 가난을 팔고 있었다. 동네 주민들이 살고 있는 골목에 밤늦도록 조명을 켜고 시끄러운 음악을 틀어놓은 모습에서는 어떤 배려도 찾기 어려웠다. 익선동에는 100여 년의 세월을 거쳐 온 삶의 흔적이 멈춘 듯 느리게 남아 있었지만, 불과 몇 년 만에 그 모든 것을 잃어버리고 말았다. 남은 것은 뼈대만 남은 한옥뿐이다. 낡은 한옥에는 더 이상 과거의 삶이 남아 있지 않다. 이제 익선동에 남은 것은 가난한 과거를 인테리어 삼아 커피와 술을 파는 모습뿐이라는 생각이 들기도 한다. 물론 이런 모습도 익선동의 모습이고 치열한 삶의 한 순간일 것이다. 하지만 누군가의 삶이 폭력적으로 쫓겨나야 했다는 사실은 무척이나 슬픈 일이다.

돈의동 쪽방촌,
단절된 세계의
고요

　돈의동 쪽방촌에 대한 이야기를 들은 사람은 많이 있지만 정작 그곳이 정확히 어느 곳에 있는지, 어떻게 가야 하는지 알고 있는 사람은 많지 않다. 서울의 중심부 종로에 자리 잡고 있는 곳이지만 실제로 가본 사람을 찾아보기는 힘들다. 돈의동 쪽방촌으로 이어진 입구는 모두 4개인데, 골목을 품은 듯 숨기고 있어 찾기 어렵기 때문이다. 심지어 쪽방촌의 입구 중에는 종로3가 지하철역과 맞붙어 있다시피 한 곳도 있지만 그곳에 쪽방촌이 있다는 것을 아는 사람은 생각보다 많지 않다. 그곳은 도심 속의 섬처럼 철저히 유폐된 채, 존재하지만 존재하지 않는 곳으로 남아 있다. 우리가 쪽방촌 근처를 지나치면서도 그곳을 쉽게 볼 수 없는 이유는 이처럼 쪽방촌 입구를 쉽게 찾을 수 없기 때문이다. 꺾인 채 벽만 보이는 쪽방촌 입구는 길의 입구처럼 보이기보다 막다른 골목이나 담벼락처럼 보인다.

쪽방촌에서는 만 원이 안 되는 돈으로 하룻밤을 보낼 수 있다. 1평 내외의 방은 한 사람이 겨우 누울 수 있는 정도이고, 두 사람이 함께 눕기에는 비좁다. 혼자만의 삶과 공간. 그러나 쪽방촌에서의 '혼자'는 독립적이고 주체적인 의미가 아니다. 쪽방촌에 기거하는 이들은 가족 등과 단절된 채 사는 경우가 많다. 그들의 삶은 독거이며, 독거인 이들의 삶은 고독과 상처와 쓸쓸함과 고단함의 다른 이름이기도 하다. 어쩌면 그들의 삶은 고독 그 자체인지도 모른다. 사회적으로도 이들이 속해 있는 공동체는 그리 많지 않다. 그런 점에서 쪽방촌에 사는 이들의 삶은 오롯이 혼자일 수밖에 없는 것이다. 쪽방촌이 서울의 가장 번화한 곳 중 하나인 종로에 있으면서도 외부에 노출되지 않은 것이 이곳에 살고 있는 이들의 삶처럼 느껴진다.

서울의 중심가에 이토록 퇴락한 쪽방촌이 있다는 사실은 놀랍기만 하다. 돈의동 쪽방촌은 근대 이후 거의 변하지 않고 남아 있는 서울의 몇 안 되는 곳이다. 더구나 서울에서도 번화한 곳 중 하나인 종로 한복판에 이런 쪽방촌이 오랜 시간 존재할 수 있었다는 점이 놀랍다. 재개발의 광풍이 나라 전체를 휩쓸어도 돈의동 쪽방촌은 변함없이 그 모습 그대로이다. 쪽방촌은 단순히 개발이 안 되었다거나 오래된 동네라는 의미를 지니고 있지 않다. 그곳은 삶의 가장 밑바닥을 이루는, 비애와 고통으로서의 삶의 현장이다. 그런 점에서 번화가 한가운데 유폐되어 있는 돈의동 쪽방촌은 여러 가지 생각을 하게 한다. 아울러 우리 삶의 한 극단이 이토록 가까운 곳에 있으면서도 철저히 감춰져 있다는 점에서 씁쓸한 마음이 들기도 한다.

이 지역에는 1920년 12월 일제 경성부에 의해 '돈의동 시탄시장'이라는 공설시장이 들어섰다. 시탄(柴炭)은 땔나무와 숯이라는 의미이며, 따라서 시탄시장은 땔나무와 숯을 팔던 곳이라고 짐작할 수 있다. 시탄시장은 도심 한복판에 있다는 이유로 1936년 4월에 문을 닫는다. 해방과 한국전쟁 이후에는 여기에 '종삼'이라고 불리는 사창가가 형성되었다. 종삼 사창가는 1968년 9월 정부에서 실시한 '나비작전'으로 사라지게 되었다.* 시탄시장이 있었다는 사실은 지금의 쪽방촌과 직접적인 연관은 없는 듯 보인다. 다만 종삼 사창가가 사라지고 난 자리가 세월이 흐르면서 지금의 쪽방촌을 이룬 것으로 추측할 수 있다.

돈의동 쪽방촌은 존재하지만 존재하지 않는 것만 같은 곳이다. 우리는 그곳의 존재를 알고 있지만 애써 그곳의 삶을 돌아보려 하지 않으려 하는지도 모른다. 쪽방촌으로 흘러든 사연은 제각각이지만 삶의 밑바닥에서 궁핍하고 외로운 삶을 사는 현실은 비슷하다. 그래서일까? 쪽방촌보다 더 나은 고시원 등으로 거처를 옮긴 이들이 다시 쪽방촌으로 돌아오는 일도 적지 않다고 한다. 아마

---

*조정구, 〈돈의돈 쪽방에 눕다〉, https://bit.ly/2JoyV9X(검색일: 2020. 11. 28.) 참조.

도 비슷한 처지의 사람들끼리 어울리는 동질감이 마음의 안정을 주는 것이리라. 쪽방촌에 살고 있는 이들이 서로 특별한 교류를 하는 것은 아니더라도 다르지 않은 현실을 견뎌야 하는 이들끼리 모여 산다는 것이 위안이 될 것이다. 물론 쪽방촌에 사는 이들끼리 의지를 하며 사는 경우도 있다. 또한 의탁할 데 없는 늙고 병든 몸을 서로 의지하며 삶의 마지막을 준비하는 경우도 있다.

이강훈 사진작가의 〈쪽방촌 골목〉은 흑백의 이미지 속에 고단한 쪽방촌의 삶을 담담히 담고 있다. 그의 사진은 돈의동 쪽방촌의 풍경과 함께 그곳에 살고 있는 박동기 씨와 김태일 할아버지의 삶을 다루고 있다. 좁은 골목과 아무렇게나 널려 있는 빨래, 비좁은 방과 그 속에 몸을 누인 고단한 삶. 이런 모습은 우리가 보아온 쪽방촌의 풍경과 크게 다르지 않다. 작가는 그러한 쪽방촌의 모습을 절제된 시선으로 응시한다. 작가의 시선은 감정을 억제함으로써 쪽방촌의 모습을 있는 그대로 전달한다. 애써 슬픔을 전시하지 않음으로써 쪽방촌의 삶은 더욱 생생하게 다가온다. 그리고 그러한 시선을 통해 쪽방촌의 삶은 과장된 감정에 기대지 않은 채 사실적으로 다가온다.

사진 속 쪽방촌 사람들은 나란히 앉아 텔레비전을 보기도 하고 길가에 앉아 환하게 웃으며 이야기를 나누기도 한다. 그리고 인근 식당에서 함께 식사를 하며 반주를 나누기도 한다. 쪽방촌이라는 장소만 빼면 여느 사람들의 모습과 다를 바 없다. 이강훈 작가의 시선은 박동기 씨와 김태일 할아버지의 일상에 맞춰져 있는데, 쪽방촌의 풍경을 담은 사진보다 쪽방촌을 배경으로 드러난 이들의 모습이 유독 마음을 사로잡는다. 쪽방촌에서 보내는 이들의 일상은 식당과 거리, 병원과 장례식장을 배경으로 펼쳐지며, 사진은 그들의 하루하루의 일상과 삶의 마지막 순간을 담아낸다. 김태일 할아버지의 장례식장을 지키는 상주는 쪽방촌 이웃 박동기 씨이다. 이웃인 박동기 씨가 홀로 지키는 빈소의 모습은 외롭고 쓸쓸하게 살다 가는 쪽방촌의 삶을 보는 것 같아 마음이 복잡해진다. 그런데 쪽방촌의 힘들고 외로운 삶이 그들만의 것일까? 생각해보면 지상의 사람들 모두가 그렇게 살다 가는 것은 아닌가 싶다. 그렇기 때문에 쪽방촌의 삶을 다룬 이강훈 작가의 사진은 보편적인 울림이 되어 우리 모두의 마음을 사로잡는다.

우리가 무심히 지나치는 곳에 이들의 삶이 놓여 있다. 쪽방촌은 외부와 분리된 듯 숨어 있지만 그들의 삶과 '우리'의 삶은 결코 다른 것이 아니다. 삶의 공간이 다를 뿐이지 외로움과 고통과 쓸쓸함으로서의 삶을 살아가는 것은 매한가지이다. '내' 삶의 가까운 곳에 그들의 삶이 있는 것처럼 우리의 삶은 다르지 않다. 그러나 쪽방촌 사람들의 일상을 섣불리 들여다보지는 말자. 상대방의 삶을 이해하고 배려하는 것과 그것을 전시하고 구경하는 것은 다르다. 간혹 쪽방촌의 모습에 호기심을 느끼거나 사진을 찍고 싶어 그곳을 방문하는 사람들이 있다. 하지만 쪽방촌에 살고 있는 이들과 그 어떤 교감이 이루어지지 않은 상태라면 쉽게 그들의 삶을 들여다보지 말자. 그들의 삶 역시 타인에게 전시되어서는 안 된다.

종로3가역에 내리면 무수히 많은 골목이 있다. 도시가 커지고 재개발이 진행되면서 골목이 사라지고 있지만 종로3가는 아직도 무수히 많은 골목을 품고 있다. 그 골목에는 하루하루 삶을 이어 가는 이웃의 일상이 고단하게 펼쳐져 있다. 그리고 골목의 더 깊은 곳에 돈의동 쪽방촌이 있다. 자신들의 삶이 밖으로 드러나기를 꺼리는 곳. 삶을 견디는 것이 고통으로 다가오기도 하는 곳. 그러나 그곳에는 다른 이들의 삶과 다르지 않은 쪽방촌 사람들의 삶이 있다. 많은 사람들이 쪽방촌에 거주하는 이들의 대부분이 노숙자이거나 부랑자일 거라는 오해를 한다. 하지만 쪽방촌 사람들의 삶이 고단한 모습이라고 해서 그들 모두를 그렇게 재단해서는 안 된다. 쪽방촌 사람들의 사연과 삶의 모습은 제각각이며, 누구라도 그들의 삶을 함부로 평가해서는 곤란하다. 밤이 되면 고요히 잠이 들고, 이른 새벽에 일을 나서는 쪽방촌 사람들의 모습은 여느 직장인의 모습과 다를 바 없다. 적막한 종로3가의 새벽처럼 허허로운 삶의 모습은 우리 모두의 모습이기도 하다.

서촌을 따라
문학예술
기행

　서촌을 걷는 것은 시간을 거슬러 먼 과거를 산책하는 것만 같다. 한옥과 근대 건축물 그리고 요즘 건물이 뒤섞여 있는 서촌은 과거부터 현재에 이르기까지의 시간을 한곳에 모아놓은 것만 같다. 다가구주택이 많은 서촌 길이지만 이상하게도 그 길은 근대의 어느 시간이 숨 쉬고 있는 듯한 느낌을 준다. 근대 초기의 건축물과 유서 깊은 공간, 그리고 분위기 좋은 카페와 상점이 곳곳에 자리 잡고 있기는 하지만 그곳은 여전히 사람 사는 느낌이 물씬 나는 구도심의 어느 동네의 모습과 더 닮아 있다. 높거나 위압적이지 않은 단독주택과 빌라가 빽빽하게 들어선 동네의 모습만 놓고 보면 그리 특별할 것 없는 곳처럼 보이기도 한다. 물론 동네 곳곳에 자리 잡고 있는 오래된 상점과 새로 생긴 카페 등의 공간이 요즘 유행하는 '힙'한 느낌을 주기도 하지만 여전히 사람들이 살아가는 공간이 많다는 점에서 관광지로 변해버린 다른 곳들과 차이가 있다.

특정한 어느 지역이 사람들의 관심을 받게 되어 관광지처럼 변할 때, 그곳은 더 이상 사람이 살지 않는, 아니 살 수 없는 곳이 되어버린다. 집값과 임대료가 급등하기 시작하고, 원주민들은 더 이상 그곳에서 살 수 없게 된다. 사람들이 삶과 생계를 이어가던 집과 상점은 이내 외지인들로 붐비게 된다. 집주인은 건물을 팔고 떠나고, 세입자는 급등한 임대료를 감당할 수 없어 떠난다. 이런 이유가 아니더라도 관광지로 변해버린 동네에서 사는 것은 그 자체로 고통이 되기도 한다. 몰려드는 사람들로 인하여 집은 더 이상 휴식의 공간일 수 없게 된다. 심지어 대문을 열고 마당까지 들어와 사진을 찍는 이들도 있다. 이런 상황을 견디는 것은 결코 쉬운 일이 아니다. 서촌 역시 몰려드는 관광객으로 인해 원주민들 일상이 방해받고 있기는 마찬가지이다. 그러나 서촌의 풍경은 다른 곳과 달리 주민과 관광객들이 비교적 잘 어우러지며 서촌만의 특별한 풍경을 만들어낸다.

경복궁역 2번 출구를 나와 서촌을 향해 조금만 올라가면 왼쪽으로 세종마을 음식문화거리가 보인다. 서촌이 사람들에게 널리 알려지게 된 것은 세종마을 음식문화거리의 맛집 때문이기도 했다. 서촌을 방문하는 이들의 상당수가 이곳에 가기 위한 것이라고 해도 과언이 아닐 정도이다. 이곳 역시 젠트리피케이션으로 인해 몸살을

① 보안여관
② 이상의 집
③ 대오서점
④ 박노수 미술관
⑤ 윤동주 하숙집터
⑥ 수성동 계곡

않았다. 297만 원이었던 임대료를 1,200만 원으로 올리며 세입자의 반발을 샀던 궁중족발 사태는 서촌의 상황을 극단적으로 보여주는 사건이었다. 세종마을 음식문화거리의 맛집을 방문하는 것도 좋지만 서촌의 참모습을 느끼기 위해서는 조금 더 깊이 서촌으로 들어갈 필요가 있다.

서촌 문학예술 기행을 하고자 하는 사람들이 주로 출발점으로 삼는 곳은 '이상의 집'이다. 이상이 살던 집의 일부를 기념관으로 꾸민 이곳을 방문하면 이상과 관련된 자료와 그의 삶의 흔적을 살필 수 있다. 그런데 이곳을 이상의 생가로 알고 있는 사람들이 많은데, '이상의 집'은 이상이 세 살에 양자로 들어가 이십여 년을 살았던 곳이며, 정확히는 이상이 살았던 집터이다. 지금의 '이상의 집'은 이상 사후에 새로 지은 집이다. 이상이 태어난 곳은 이곳에서 멀지 않은 사직동이다. 이상의 집에서 출발하여 서촌의 골목을 따라가다 보면 이외에도 무수히 많은 역사적 장소와 마주하게 된다.

'이상의 집'에서 수성동 계곡에 이르는 길에서 문학, 역사, 예술과 연관된 다양한 장소와 마주할 수 있는데, 눈여겨보지 않으면 모르고 지나치기 쉬운 곳들도 많다. 박노수 미술관은 서울시 문화재자료 제1호로 지정되어 관리도 잘되어 있고 찾아가기도 쉽다. 이곳은 애초에 친일파 윤덕영이 딸과 사위를 위해 지은 주택이었다. 이후 몇 차례 소유자가 바뀐 끝에 1973년 박노수 화백이 구입하여 2011년까지 거주했던 곳이다. 이 집을 비롯하여 서촌 일대 상당수가 친일파 윤덕영의 소유였는데, 지금도 윤덕영과 관련된 흔적이 서촌 골목에 아무런 설명 없이 방치되어 있다. 박노수 미술관에서 조금 더 올라가다 보면 '윤동주 하숙집터'라고 쓰인 작은 간판을 볼 수 있다. 평범하기 그지없는 주택 담벼락에 붙어 있는 간판만이 이곳이 윤동주가 살았던 곳이었다고 말해주고 있어 세월의 무상함이 느껴지기도 한다.

서촌의 끝인 수성동 계곡에서는 겸재 정선의 〈장동팔경첩〉에 등장하는 풍경을 마주할 수 있다. 특히 그림에 등장하는, 기린교로 추정되는 돌다리를 직접 볼 수 있다. 수성동 계곡에서 내려오는 길에 볼 수 있는 곳으로는 친일파 윤덕영의 벽수산장 입구인 송석원터가 있고, 일제강점기에 생긴 통인시장을 둘러볼 수도 있다. 특히 이중섭, 서정주 등이 묵기도 했던 보안여관이 원형을 간직한 채 미술관으로 변신하여 관람객들을 맞고 있기도 하다. 이외에도 신익희 가옥, 김상헌 집터, 정철 집터와 시비, 선희궁 터, 우당기념관, 자수

◁ 겸재 정선이 그린 수성동 계곡 풍경. 간송미술관 소장.
▷ 서울시에서는 수성동 계곡을 서울특별시 기념물로 지정하여 복원을 진행했다. 회화 속에 등장하는 풍경이 문화재로 지정된 첫 사례이다. 『서촌: 역사 경관 도시조직의 변화』(2010, 146쪽)

궁터, 이상범 가옥, 노천명 가옥, 김가진 집터 등을 둘러볼 수 있다.

그런데 서촌에서 멀지 않은 곳에는 이상과 관련된 장소가 많다. 종로 인근을 오가며 한 번쯤 지나쳤을 만한 곳이다. 지금은 이상과 관련된 어떠한 흔적도 찾을 수 없지만 오래전 이상의 자취가 있던 곳임을 알고 그곳을 지나간다면 남다른 느낌에 사로잡힐 것이다. 1933년 이상이 기생 금홍과 함께 종로에 차린 〈제비다방〉이 있던 곳은 지금의 종각역 앞 농협 빌딩 자리(종로1가 33번지)이다. 그리고 1936년 6월 친구인 화가 구본웅의 이모인 변동림과 결혼하여 짧은 신혼생활을 한 곳은 청계천 바로 옆인 '다동 33번지'이다.

서촌을 걷는 문학, 예술, 역사 기행은 우리에게 낯익은 인물과 관련된 것이 많다. 하지만 정작 그들에 대해 알고 있는 것이 별로 없는 것이 사실이기도 하다. 그것은 마치 우리가 우리의 근대사를 잘 알고 있는 것 같지만 제대로 알지 못하는 것과 비슷하다. 서촌에서 마주하는 시간은 오래전에 지나가버린 것 같은 것이지만 불과 수십 년 전의 시간일 뿐이다. 그것은 사라진 것이지만 현재하는 것이기도 하고, 오래지 않은 것 같지만 오래전에 사라진 것이기도 하다. 서촌을 걷는 것은 그리하여 과거와 현재를 넘나드는, 신비로운 경험이기도 하다.

실재하는
허상과 두 개의
북촌

여행은 지루한 일상으로부터 벗어나고자 하는 시도이다. 사람들은 비루한 일상으로 가득한 삶으로부터 놓이기 위해 여행을 한다. 여행은 잠시나마 일상으로부터 탈출할 수 있는 몇 안 되는 방법 중 하나이다. 우리가 여행을 떠나는 것은 일상을 벗어난, 비일상성이 주는 긍정적인 경험을 하기 위해서이다. 이때 여행지가 사람들에게 비일상적 공간이 되는 경우는 크게 두 가지로 나누어 생각할 수 있다. 먼저 여행지가 지니고 있는 특별함 자체가 비일상적 공간인 경우이다. 우리의 일상적 공간과는 완전히 다른, 특별한 공간으로의 여행은 그 자체가 비일상적 세계라고 할 수 있다. 이를테면 애초에 일상이 제거된 놀이공원이나 휴양지가 바로 그런 곳이다. 또

다른 경우는 나의 일상과 다를 바 없는 공간으로의 여행에서 비일
상성의 경험을 하는 것이다. 누군가에게는 일상성의 공간이지만,
자신의 일상을 떠난 여행자에게 그곳은 비일상성의 공간일 뿐이다.

　　그런데 누군가의 일상적 공간을 여행할 때 오버투어리즘이라
는 문제가 발생하기도 한다. 여행자에게는 낯선 비일상적 공간일
테지만 누군가에게 그곳은 일상의 삶을 영위하는 곳이기 때문이다.
현지인의 일상적 공간에 오버투어리즘 문제가 발생하는 이유는 그
곳이 다른 지역과 다른 독특한 분위기를 가지고 있는 경우가 많기
때문이다. 그런데 이런 독특함이 '빈곤 포르노'를 전제하는 경우도
많다는 점에서 문제가 되기도 한다. 다만 북촌은 이런 양상과는 조
금 다른 오버투어리즘 문제가 발생하는 곳이다. 북촌은 한옥마을
이라는 독특한 지역 분위기로 인해 오버투어리즘이 발생하는 지역
이다. 빈곤 포르노처럼 가난한 삶을 이용한 것은 아니지만 북촌 주
민들이 겪는 오버투어리즘 역시 지역민의 삶에 불편을 준다는 점에
서 문제이다. 또한 북촌 주민들의 삶이 여행객들에게 고스란히 전
시된다는 점 역시 문제인데, 그것은 '빈곤 포르노'에 나타난 것과 유
사한 문제점을 지닌다.

　　전시된 삶과 공간인 북촌은 여행객들에게 한옥마을이라는 이
미지만으로 인식되고 소비된다. 이런 상황 속에서 북촌 주민들의 실
제 삶이 충분히 배려 받지 못하는 것이 현실이다. 북촌은 주민들에
게 실제 삶의 현장이지만 여행객에게 그곳은 소비되는 관광지일 뿐
이다. 북촌은 사라져가는 전통이 여전히 남아 실재화된 공간이라

북촌 가회동 한옥마을 전경. 한옥마을 언덕 위에 1938년경 세워진 2층 양옥 형태의 '이준구 가옥'(문화재자료 제2호)이 보인다. Jungkyu Lee.

는 점에서 소중하지만, 관광지로서의 '한옥'만이 소비된다는 점에서 씁쓸함이 남는 곳이다. 인스타그램 등의 SNS에 팬시 상품처럼 소비되는 북촌의 이미지는 진짜 북촌이 아니다. 당연히 그러한 것에서 북촌에 대한 이해를 발견하기도 쉽지 않다. 심지어 북촌은 실제로 상품화된 관광지로 소비되기도 한다. 일부 여행사는 입장료 등이 소요되지 않는 북촌을 관광 상품의 코스에 포함하여 판매하기도 한다.

북촌은 조선시대에 왕족, 고관대작 등의 주거지로서 규모가 큰 한옥이 주를 이루던 곳이었는데, 이후 일제강점기를 거치며 규모가 작은 개량 한옥이 대량으로 지어진 한옥대단지로 바뀌었다. 현재의 북촌 한옥은 인근 익선동 지역의 한옥단지와 일부 유사성을 보이기도 하지만 일제강점기 이전에 왕족이나 고관대작들이 주로 살던 곳이었다는 점에서 다르다. 황현의 『매천야록』에 의하면 "서울의 대로인 종각 이북을 북촌이라 부르며 노론이 주로 살고 있고, 종각 남쪽을 남촌이라 하는데 소론 이하 삼색(三色)이 섞여서 살았다."고 한다. 종각 이북 지역인 북촌이 노론을 비롯한 권문세가의 양반이 살았던 것에 비하여 종각 이남 지역인 남촌은 소론을 비롯하여 관직에 오르지 못한 양반, 하급 관리, 상인들이 주로 거주했다. 노론은 조선 후기에 권력을 잡고 정치를 주도한 세력이다. 반면 경종을 지지했던 소론은 먼저 정권을 잡았으나 경종이 병사한 이후 세력이 약화되어 노론의 탄압을 받았다. 지금의 북촌 한옥이 조선시대의 형태를 온전히 유지하고 있는 것은 아니지만 고위 관직에 있던 이들이 살던 지역이었던 것만큼은 분명하다.

하지만 현재의 북촌은 인근 익선동 한옥단지를 만든 정세권에 의해 작은 규모의 개량 한옥이 지어진 한옥대단지로 개발되었다. 북촌 한옥단지 역시 익선동과 같은 이유로 개발되었는데, 정세권은 남촌 지역에 주로 거주하던 일본인들이 북촌 지역으로 주거지를 확장한다는 소식을 듣고 북촌 일대의 한옥을 사들여 개량 한옥을 집중적으로 건설했다. 정세권은 왕족과 고관대작들의 토지를 분할하여 ㄷ자나 ㅁ자 형태의 도시형 한옥을 지었는데, 익선동과 북촌에서 흔히 볼 수 있는 이러한 형태의 개량 한옥은 외부에서 마당이 보이는 전통 한옥과 형태적 차이가 있다. 이와 같은 형태는 작은 규모의 땅에 한옥이 지니고 있는 요소를 넣기에 적합한 까닭에 나타난 것이다. 북촌은 이러한 변화를 거치며 민족의 삶이 면면히 이어진 장소로 남게 되었다. 북촌은 전근대와 근대를 이으며, 우리 민족의 삶을 역사와 전통으로 수렴한다. 북촌은 근대 이전부터 근대 이후의 시간을 견디며 한옥이라는 민족적 상징을 드러낸 공간인 것이다.

물론 오늘날 관광지로 소비되는 북촌 역시 북촌의 실재이다. 하지만 이것은 표면화된 허상만을 전시한다는 점에서 진짜 북촌의 모습이라고 할 수 없다. 예쁘게 포장되기만 한 이미지로 덧씌워진 북촌은 실체가 존재하지 않는 공간이기 때문이다. 과거를 기반으로 현재화한 것들은 과거를 수렴할 때 본연의 가치를 드러낼 수 있는 법이다. 그렇다고 과거 북촌의 가치만을 남기고 보전하자는 이야기는 아니다. 오늘날 생활공간으로서의 북촌 한옥의 가치 역시 중요하다. 북촌은 조선시대와 일제강점기는 물론이고 해방 이후 근래에 이르기까지 언제나 생생한 삶의 현장이었다. 북촌은 지금도 누군가의 삶의 거처이며 온전한 삶의 공간이다.

북촌에 오버투어리즘의 허상이 덧씌워지기 시작한 것은 그리 오래된 일이 아니다. 오버투어리즘이 문제가 된 때부터 북촌은 인위적으로 만들어진 세트장처럼 되어버렸다. 사람이 살고 있는 삶의 현장임에도 불구하고 관광객들의 장식품으로 전락해버렸다. 쇼윈도에 진열된 물건처럼 전시된 공간의 문제점은 단순히 공간의 문제에만 그치지 않는다. 본질적으로 그것은 그곳에 살고 있는 사람의 문제이며, 이것이야말로 더 큰 문제이다. 누구도 타인의 삶을 전시하고, 그것을 이미지로 소비할 권리는 없기 때문이다.

하늘엔 조각구름 떠 있고
강물엔 유람선이 떠 있고
— 한강과 근대성의 경험

한강은 박정희 정권과 전두환 정권을 거치며 개발 논리에 의해 기존의 모습을 잃어버렸다. 박정희 정권은 '한강 개발 3개년 계획' (1968-1970)과 1970년대의 강변 개발 정책을 통해 한강을 개발하기 시작했으며, 전두환 정권의 '한강종합개발계획'을 통해 한강은 오늘날의 형태를 갖게 되었다. 한강은 1980년대 이후, 수도 서울을 상징하는 랜드마크가 되었다. 오늘날 우리가 갖고 있는 한강에 대한 이미지는 1980년대 개발의 산물이다. 이로써 강변 모래사장에서 강수욕을 즐기는 등의 1960년대 자연 하천의 모습은 아주 먼 과거가 되어버렸다.

그런데 이들 정권에 의해 진행된 한강 개발은 개발 중심의 인

한강종합개발 준공기념 우표. 국가기록원

위적인 양상이었다는 점에서 여러 문제가 있었다. 특히 환경 문제를 고려하지 않은 개발이었기 때문에 논란이 되기도 했다. 수중보 건설로 인해 물고기의 이동이 제대로 이루어지지 않는 등 생태계에 악영향을 끼쳤고, 인공 구조물로 제방을 쌓은 탓에 퇴적지와 습지가 사라지는 등의 문제가 생겼다. 물론 1970년대부터 문제가 되었던 수질이 한강 개발을 통해 개선되는 등의 긍정적 요인이 있기는 했지만 콘크리트로 만든 물길의 모습에 안타까운 마음이 든다. 하지만 한강이 우리나라의 수도 서울을 대표하는 랜드마크로서 많은 이들의 사랑을 받고 있는 것은 분명하다.

그런데 한강에는 랜드마크 이상의 의미와 상징이 있다. 한강에서 바라보는 도시의 모습은 우리나라의 근대화와 경제적 성장을 시각적으로 재현하는 기호이기도 하다. 또한 잘 정비된 한강변은 인간중심적 근대성의 폭력이라고 할 수 있다. 환경을 염두에 두지 않은 채 콘크리트로 둘러버린 강에 제대로 된 생태계가 형성될 수 없음은 자명하다. 그리고 인간을 위한 시설로 가득한 강변은 자연이 함께할 수 없는 인공 낙원일 뿐이다. 한강의 쾌적하고 아름다운 풍경은 오로지 인간의 시선으로 바라보았을 때만 느낄 수 있는 것이다. 강에 물고기가 돌아온 것만으로 생태계가 복원된 듯한 느낌을 갖게 될 때가 많다. 물론 하수처리시설을 갖추는 등의 노력으로 일부 생태계가 복원된 것은 맞지만 그것이 전부는 아니다. 한강은 근대화 속에서 인간이 자연을 어떻게 대하고 있는지 나타나는 장소이다.

한강에서 바라보는 빌딩숲은 한국전쟁 이후의 경제적 성취를 잘 보여주는 사례이다. 한강에선 고층 빌딩과 아파트가 장악한 도시의 스카이라인을 적나라하게 볼 수 있는데, 빌딩숲은 고도의 경제성장이 실현된 장(場)임과 동시에 이면의 비극을 떠올릴 수 있는 곳이기도 하다. 우리나라의 비약적 경제성장을 흔히 '한강의 기적'이라고 한다. 이 표현은 우리나라와 서울을 상징하는 사물로 한강을 사용한 대유법일 테지만, 실제로 한강에서 보이는 근대도시 서울의 모습에서 경제성장의 실체를 확인할 수 있기도 하다. 또한 근대도시의 쾌적한 공원으로 탈바꿈한 한강은 경제성장과 발전을 나타내는 상징임과 동시에 여유로운 삶을 전시하는 기표가 되기도 한다.

그러나 한강 개발은 그동안 인간 중심적인 방향으로 진행되었고, 그것은 지금도 변함없다. 우리들은 그러한 한강에서 여가를 즐기는 삶에 행복해하기도 한다. 한강 개발의 명암은 우리 삶의 근대적 폭력을 상징적으로 보여주는 것이다. 이것은 단지 한강의 문제에 그치는 것이 아니다. 한강을 통해 우리의 삶과 세계의 문제 전체를 조망할 수 있다. 경제성장을 통한 풍요로움을 얻게 된 지금, 풍요로운 근대성의 비극과 인간 중심적인 세계관에 대해 고민해야 한다.

　가수 정수라의 노래 〈아! 대한민국〉에 나오는, 조각구름과 유람선이 떠 있는 한강의 모습은 겉으로 드러난 아름다움만을 강조한 것이다. 그런데 이러한 아름다움은 삶의 실체를 제대로 파악할 수 없게 만든다. 그런 점에서 아름답게 조성된 한강은 우리 세계의 진짜 모습을 감춰버림으로써 우리를 착시 현상에 빠지게 한다. 정수라의 노래 〈아! 대한민국〉 이외에도 이은하의 〈우리의 한강〉, 이선희의 〈한강의 노래〉, 정수라의 〈춤추는 한강〉, 정종숙의 〈우리의 한강〉 등의 노래가 80년대 한강 개발에 맞춰 발표되었다. 이 노래들은 모두 근대적 도시화와 경제적 풍요로움에 대한 환영을 바탕에 깔고 있다. 아름다운 한강. 그것은 근대성의 비극을 감추고 있는, 우리가 살고 있는 세계의 또 다른 이름일지도 모른다.

우리 모두의
광장을
위하여 ― 광화문에서 서울광장까지

광장은 역사적으로 특별한 의미를 지니는 경우가 많으며, 정치적, 사회적 변화의 중심에서 중요한 기능을 해왔다. 사람들은 광장으로 모여들고, 광장은 변화의 중요한 출발점이 되었다. 이러한 광장의 기능은 과거에 주로 서구 사회에 나타나던 것이지만 근대 이후 우리나라에서도 광장은 사회 전반에 걸쳐 중요한 기능을 하게 되었다. 대중민주주의의 공간으로서 광장은 이제 우리에게도 익숙한 공간이 되었다. 오히려 다른 나라보다 더 빈번하게 대중민주주의의 장으로 광장을 이용하기도 한다. 광장은 이제 우리에게 세대, 진영 등을 떠나 누구나 이용하는 공간이 되었다. 자신의 의견을 밝히고 관철시키고자 할 때 사람들은 자연스럽게 광장에 모인다.

이러한 광장의 대표적인 장소로 서울광장과 인근의 광화문 등을 들 수 있다. 그리고 광장의 형태를 갖춘 공간이 아니더라도 우리 주변에 광장으로 기능하는 곳은 얼마든지 있다. 넓은 도로가 광장으로 기능하며 대중민주주의의 장으로 이용되는 것은 이제 흔한 일이다. 광장은 언제 어느 곳에나 존재하는 익숙한 공간이 되었다. 사회적, 정치적 이슈가 있을 때마다 우리는 광장에 모이기를 주저하지 않는다. 그리고 광장에서 과거에는 상상할 수 없었던 변혁을 이끌어내기도 한다. 광장에서 펼쳐진 정치적, 사회적 행위가 성공을 거두며 우리는 보다 나은 세상을 향해 나아갈 수 있다는 희망을 발견하게 된다.

우리가 대중민주주의로서 광장의 경험을 한 것은 오래전부터지만 이상하게 우리가 떠올리는 광장의 경험은 주로 80년대 이후의 일들이다. 80년 '서울의 봄'을 비롯하여 87년 6월 항쟁이 대표적인 80년대 광장 체험이다. 대중민주주의의 힘을 보여주는 우리나라 광장 사진 중 하나로 1987년 7월 9일 이한열 열사의 장례식 사진을 꼽을 수 있다. 서울광장을 가득 메운 사진 속 인파는 80년대 광장의 정치적 의미와 민주화에 대한 국민들의 열망을 보여주는 상징적인 장면이다. 그것은 우리가 정치적, 사회적 실천 의지를 적극적으로 표명한 일대 사건이었다. 그런데 이상한 점은 우리의 광장 체험이 80년 '서울의 봄' 이전 꽤 긴 기간 동안 비어 있다는 점이다. 물론 이전에도 광장은 우리에게 정치적, 사회적으로 중요한 공간이었지만 1960년대 중반 이후, 80년에 이르기까지 우리의 삶 속에 광장은

고 이한열 열사를 추모하는 군중이 시청 앞 서울광장에서 광화문까지 길게 운집한 모습
(1987. 9. 9.). 『세계는 서울로, 서울은 세계로: 1984-1988』(서울역사박물관, 2019)

존재하지 않았다.

　한국 사회에서 "대중민주주의의 공간으로서 '광장'이 발견된 것은 4·19에 의한 것"*이었다. 우리에게 광장은 일찍이 60년대부터 민주화를 상징하는 공간이었다. 광장이 한국 사회에서 대중민주주의의 역할을 한 대표적인 사례가 1960년 4·19라는 점은 시사하는 바가 크다. 해방 이후 얼마 지나지 않은 시점에 대중민주주의가 발현되었다는 점에서 당시의 민주적 열망과 역량을 짐작해볼 수 있기 때문이다. 4·19 이후 몇 년간 광장은 대중민주주의와 한국 정치사

---

*김백영, 「4·19와 5·16의 공간사회학」, 서강인문논총 38집, 서강대학교 인문과학연구소, 2013, 87쪽.

에 중요한 기능을 했다. 광장은 해방 이후 민중의 정치적 역량이 표출된 공간이었다. 그러나 5·16 군사쿠데타로 인해 4·19는 완성되지 못한 채 끝나고 만다. 그리고 박정희 정권의 폭압 아래 광장은 이내 닫힌 공간이 되어버렸다. 그리하여 60년대 중반 이후 박정희 정권이 지속되는 동안 우리는 광장 문화를 잃어버리게 된다. 4·19 이후 민주와 자유를 향한 시민들의 열망은 박정희 정권이 등장하게 된 "5·16 이후 '빵'에 대한 추구로 대체"*되거나, 유신정권에 의해 억눌리게 되었다. 그러던 광장이 다시 정치, 사회의 장으로 전면에 등장하게 된 것은 1980년대의 일이다. 80년 '서울의 봄'과 87년 6월 항쟁을 통해 광장은 다시 대중민주주의의 전면에 등장하게 된다. 특히 87년 6월 항쟁을 거치며 광장은 민주화의 공간으로 부상하게 되었다.

그러던 광장의 기능이 다시 축소된 것은 90년대의 시작과 함께였다. 90년 독일 통일과 91년 소비에트 연방의 해체로 인하여 이데올로기의 역할은 축소되었고, 우리 사회도 급격한 변화를 경험하게 된다. 사람들의 관심은 이데올로기나 정치, 사회적 이슈가 아닌, 물화된 욕망이 지배하는 대중소비와 대중문화에 집중되었다. 이러한 시대 상황 속에서 광장의 필요성과 역할은 축소될 수밖에 없었다. 그러다 다시 광장이 우리 삶에 중요한 역할을 하며 등장하게 된 것은 2002년 월드컵이었다. 사람들은 월드컵 응원을 하기 위해 서

---

*위의 논문, 같은 쪽.

울광장을 비롯한 전국 곳곳에 모였다. 열린 공간은 언제든 광장으로 기능하며 사람들을 하나로 모았다. 2002년에 등장한 광장은 이전의 광장이 보여주는 것과 다른 양상으로 기능하는 것이었다. 60년대나 80년대의 광장 문화가 정치적, 사회적 이슈에 의해 나타난 것이라면 2002년의 광장은 축제의 장으로서의 모습이었다. 60년대와 80년대의 광장이 슬픔과 분노의 공간이었다면 2002년의 광장은 축제와 열정의 공간이었다.

60년대와 80년대의 광장 역시 우리의 삶에 깊숙이 개입한 공간이었지만 2002년의 광장은 그야말로 우리의 삶 자체가 된 듯한 모습을 보인다. 60년대와 80년대의 광장이 싸워 이겨야 하는 투쟁의 장으로서 목적을 띤 공간이었다면 2002년의 광장은 시민들이 자유롭게 열망을 응집하고 분출하는 해방의 공간이었다. 광장 문화가 우리 삶에 적극적으로 개입하기 시작한 시기도 2002년 월드컵을 기점으로 한 때였다. 광장을 통해 우리는 자신의 내부가 아닌 외부에 자신이 지니고 있는 모든 것들을 적극적으로 쏟아내게 되었다.

2002년 이후 광장은 여전히 스포츠, 문화 등의 행사에 사람들을 하나로 응집할 수 있게 했고 그들의 내적 열정을 쏟아낼 수 있도록 하는 공간이었지만, 정치적, 사회적 이슈를 제시하는 공간으로도 기능했다. 촛불집회 정국을 비롯하여 수많은 정치, 사회 관련 이슈들은 광장을 통해 문제 해결 방법을 모색했다. 이제 광장에 모이는 것은 지극히 자연스러운 일이 되었다. 이렇게까지 광장의 역할이 확대된 경우는 다른 나라에서도 찾기 어려울 정도이다. 더구나 우리나라의 광장 문화가 1960년대 이후에 본격화된 점을 감안한다면, 더구나 60년대 중반 이후 80년에 이르기까지 광장 문화가 억눌린 것을 감안한다면 그것은 매우 놀라운 일이다. 이제 광장은 정치, 사회, 문화 등 사회 전반의 이슈를 드러내는 데 필수적인 공간이 되었다. 그만큼 광장은 우리 삶에 중요한 한 축을 담당하게 된 것이다.

광장은 일반적으로 열린 구조이다. 누구나 참여할 수 있고 어느 곳으로도 갈 수 있다. 그런 점에서 정치적, 사회적 이슈에 광장이 등장하는 것은 자연스러운 일이다. 그리고 자신을 드러내는 데 적극적인 근래의 흐름 역시 광장의 특성과 어울린다. 자신의 생각과 감정을 적극적으로 드러내기에 광장만 한 곳이 없다. 물론 광장이 언제나 순기능만을 한다고 볼 수는 없다. 그럼에도 광장의 기능과 역할은 대체적으로 긍정적인 것이다. 광화문에서 서울광장에 이르는 곳은 우리나라 광장 문화를 상징적으로 보여주는 공간이다. 이곳만이 광장의 역할을 수행한 것은 아니지만 이곳을 통해 광장이 우리에게 갖는 의미를 명확하게 파악할 수 있다.

더구나 이곳은 일제가 식민 통치를 위해 적극적으로 개발한 지역이다. 일제는 광화문에서 서울역에 이르기까지 큰길을 내고 서양식 건물을 지어 식민 통치의 당위를 보여주려고 했다. 심지어 광화문에는 1995년에 철거를 시작하기 전까지 조선총독부 건물이 남아 있었다. 그런 점에서 이곳은 근대 이후 우리 역사의 상처와 함께한 곳이라고 할 수 있다. 또한 이곳은 상처의 공간이면서 그것을 이

겨내고 치유하는 기능을 담당하기도 했다. 그리고 때로는 축제의 장이 되어 삶의 열정적 원동력이 되기도 했던 곳이다. 광화문에서 서울광장에 이르는 공간은 우리의 근대사를 관통하며 매 순간 역사적으로 중요한 역할을 담당했다. 그곳은 때로는 슬픔으로, 때로는 분노로, 때로는 열정으로 들끓으며 우리와 함께했다. 어쩌면 광장은 우리가 지니고 있는 이성적, 감정적 열망의 모든 것이라고 해야 할지도 모를 일이다.

III

서울이라는
거리에서

난지도,
현대 도시와
욕망의
배설구

　　이름은 특정 대상을 구분하여 지칭하는 고유명사 이상의 의미를 지니고 있다. 대상을 호칭하는 것이 이름의 주된 기능이지만, 그 이면에는 대상에 숨어 있는 내재적, 외재적 상징을 담고 있기 마련이다. '코스모스'는 식물의 종(種)을 구분한 이름이지만, 그 안에는 무수히 많은 상징이 담겨 있다. 우리는 '코스모스'라는 이름을 통해 그 어떤 감각이나 의미를 떠올리기도 하고 특별한 감정에 휩싸이기도 한다. '코스모스'는 단순한 이름의 지위를 넘어 대상을 둘러싼 것들을 상징하는 하나의 기호가 된다. 상징화된 기호를 통해 대상은 고유한 의미와 이미지를 구축하고 확장한다.

　　난지도 역시 지역을 가리키는 이름이지만 그것은 단순히 지명

만을 드러내지 않는다. 난지도라는 지명 너머에는 더 많은 사회적 의미가 포함되어 있다. 그리고 그런 사회적 의미는 난지도라는 상징을 구축하며 특정 지역에 대한 고정관념을 만든다. 그리고 그것은 사회적, 지역적 차별을 드러내고, 다른 이들과 섞일 수 없는 계층과 계급을 형성하며 확대되기에 이른다. 난지도라는 이름이 대표하는 상징은 쓰레기이며, 그것은 빈곤, 더러움, 불모 등의 의미를 지니고 있다.

그러나 난지도가 이러한 부정적 상징이 된 것은 1978년 이후로, 비교적 근래의 일이다. 더구나 난지도가 쓰레기매립장으로 사용된 기간은 1978년부터 1993년까지 15년에 불과하다. 하지만 15년이라는 길지 않은 시간은 난지도를 쓰레기를 대표하는 상징으로 만들어버렸다. 15년 동안 서울시 생활쓰레기 전부와 산업폐기물 일부가 매립되었고 인근 도시의 쓰레기도 난지도쓰레기매립장에서 처리했다. 당시에는 소각 처리하는 방식이 보편적이지 않았던 탓에 엄청난 양의 쓰레기가 직매립되었다. 당연히 많은 환경 문제가 발생했으나 비위생적인 직매립은 난지도쓰레기매립장이 폐쇄된 1993년까지 이어졌다. 15년 동안 난지도에 매립된 쓰레기의 양은 어마어마했다. 이집트 기자 대피라미드의 33배에 이르는 양이 난지도에 매립되었는데, 그 높이가 무려 95m에 달할 정도로 엄청났다. 일반적인 쓰레기매립지 국제 규격인 45m의 두 배가 넘는 거대한 규모의 산이 만들어졌다.

난지도쓰레기매립장은 단순히 쓰레기를 파묻는 장소가 아니었다. 그곳을 기반으로 삶을 영위하는 이들이 있다는 점에서 난지도는 하층민의 빈한한 삶을 표상하는 지역의 상징이 되었다. 당시 난지도에는 쓰레기를 주워 생계를 유지하는 사람들이 의외로 많았는데, 그들은 그곳에서 마을을 형성하고 살았다. 난지도 사람들의 삶은 유재순 작가가 펴낸 논픽션 『난지도 사람들』을 통해 세상에 알려지기도 했다. 이외에도 난지도의 삶을 다룬 소설로 정연희의 「난지도」와 이상락의 「난지도의 딸」이 있으며, 이상락의 소설은 영화로 제작되기도 했다. 난지도에 쓰레기가 한창 매립될 때에는 이곳에 700여 명이 마을을 이루어 살기도 했는데, 93년 폐쇄될 무렵에도 400여 명의 사람들이 난지도쓰레기매립장에 거주했다.

93년에 난지도쓰레기매립장이 폐쇄된 이후 쓰레기 반입과 매립은 금지되었는데, 딱 한 번 난지도쓰레기매립장을 사용한 사례가 있다. 1995년 삼풍백화점 붕괴 사고로 발생한 잔해를 매립한 경우이다. 당시 다른 매립지를 구하지 못해 삼풍백화점 잔해를 난지도 쓰레기매립장에 매립했다. 현재 공원으로 조성된 난지도 노을공원과 하늘공원에는 그날의 비극이 아무 일도 없었던 듯 묻혀 있다. 삼풍백화점 붕괴 당시 희생자의 시신을 찾지 못한 유족들이 난지도쓰레기매립장을 뒤졌는데, 실제로 시신과 유품이 발견되기도 했다. 끝내 찾지 못한 실종자가 31명이라고 하니 난지도 어딘가에 이들이 묻혀 있을지도 모를 일이다.

난지도는 지금 생태공원으로 조성되었다. 월드컵공원에 속한 5개 테마 공원 중에서 쓰레기매립지가 있던 곳은 노을공원(제1매립지)과 하늘공원(제2매립지)이다. 인근에는 월드컵경기장과 디지털미디어시티가 조성되어, 버려진 땅이었던 난지도는 화려한 도시로 탈바꿈했다. 노을공원과 하늘공원은 쓰레기 산 둘레에 깊이 50m, 길이 6km에 달하는 차수벽을 세워 쓰레기 침출수를 막고 집수정을 통해 침출수를 처리하고 있다. 또한 쓰레기 산에 50cm 높이로 흙을 덮은 후에 빗물이 스며들지 않도록 차수막을 깔았는데, 그 위에 다시 1m가 넘는 높이로 흙을 덮어 공원을 조성했다. 이로써 높이 98m에 이르는, 언뜻 보기에 아름다워 보이는 공원이 만들어졌다. 하지만 노을공원과 하늘공원의 본질이 쓰레기 더미라는 사실은 변하지 않는다. 공원 아래는 여전히 쓰레기가 썩고 있고 침출수와 가스가 새어나오고 있다.

난지도는 현대사회가 지니고 있는 욕망의 배설물이 쌓인 곳이다. 난지도를 보면 현대사회의 욕망과 배설이 드러내는 이율배반을 확인하게 된다. 현대사회가 만들어낸 거대한 쓰레기 산은 욕망과 소비로 가득한 우리의 삶이 어떤 식으로 유지되고 있는지 극명하게 보여준다. 현대의 도시는 욕망을 취하기만 할 뿐이다. 또한 소비의 주체인 도시인들은 욕망 너머를 염두에 두지 않는다. 욕망과 소비는 도시에서 이루어지지만 그것의 배설물은 엉뚱한 곳에 감춰져 있다. 우리는 욕망과 소비의 이면을 알지 못한 채 도시의 화려함만을 마주하고 그것만이 진실이라고 믿는다. 그리고 공원으로 탈바꿈한 난지도쓰레기매립장의 모습에서 환경과 생태의 선순환을 이야기하기도 한다. 하지만 진실은 감춰져 있을 뿐이다. 2m가 채

안 되는 높이로 흙을 덮었다고 쓰레기매립장이라는 사실이 변하는
것은 아니다. 또한 침출수와 가스 등의 환경 문제가 사라진 것 역
시 아니다. 그런데 서울시에 소재한 난지도쓰레기매립장의 '에너지
/침출수 재생처리장'은 서울이 아닌 경기도 고양시에 있다. 합리적
이지 않은 일이지만 서울의 혐오 시설을 서울 밖에 설치한 사례는
이외에도 많다.

우리에게 쓰레기와 빈곤, 더러움 등으로 기억되는 난지도지만
원래의 난지도는 이런 이미지와 사뭇 다른 곳이었다. 난지도라는
이름은 난초와 지초가 핀 아름다운 섬에서 유래한 것이라는 설이
있는데, 실제로 난지도는 아름다운 섬이었다. 한강과 난지 샛강 사
이에 있던 난지도는 서울의 대표적인 휴양지이자 신혼여행지이기도
했다. 난지도의 아름다운 모습은 조선시대의 기록이나 지도, 그림
을 통해서도 확인할 수 있다. 이중환은『택리지』에서 난지도를 풍
수가 좋은 곳이라고 소개하고 있으며, 김정호는『경조오부도』와
「수선전도」에 꽃이 피어 있는 섬이라는 의미인 중초도로 기록하기
도 했다. 또한 난지도의 아름다운 모습은 겸재 정선의 그림 〈금성
평사(錦城平沙)〉를 통해서도 확인할 수 있다.

오랜 세월 아름다운 섬이었던 난지도가 쓰레기의 상징이 되는
데에는 불과 15년이 걸렸을 뿐이다. 쓰레기매립장으로 사용된 15
년은 난지도가 품어 온 모든 것을 뒤바꾸어 놓았다. 15년의 길지
않은 기간으로 인해 난지도라는 이름은 쓰레기와 더러움, 빈곤을
상징하는 것이 되었다. 심지어 난지도라는 이름은 쓰레기와 동일한

겸재 정선, 〈금성평사(錦城平沙)〉. 공유마당.

의미를 지니고 있는 것처럼 생각되기도 한다. 생태공원으로 변한 지금의 난지도 모습에서 더 이상 과거의 쓰레기매립장의 흔적을 찾기는 어렵다. 우리는 눈앞에 보이지 않는 것을 쉽게 믿지 않는다. 난지도의 쓰레기를 덮어버렸기 때문에 쓰레기 섬 난지도의 기억과 상징 역시 점점 희미해질 것이다. 하지만 난지도가 여전히 거대한 쓰레기 산으로 남아 있다는 사실은 변하지 않는다. 그리고 그곳이 현대의 욕망과 소비의 배설지로, 빈곤과 더러움과 혐오의 생생한 현장이었다는 것 역시 변치 않는 사실이다.

영등포,
홍등의 거리와
고단한 삶의
거처

타임스퀘어 하늘공원에서 내려다본 거리가 붉은빛으로 환하다. 홍등의 거리. 영등포 인근에는 서울에 남은 마지막 집창촌이 있다. 미아리, 청량리, 천호동, 용산의 집창촌이 도시 개발과 함께 하나둘 사라지고 남은 곳은 이제 이곳뿐이다. 붉게 빛나는 쇼윈도 안에는 홀복을 입은 여성들이 무료하게 앉아 있다. 몇몇 여성들은 쇼윈도 밖으로 고개를 내밀어 한산한 거리 너머를 무감각하게 바라보고 있다. 영등포 집창촌의 규모가 많이 줄었다고는 하지만 여전히 수십 곳의 업소들이 하나의 거리를 이루고 있다. 타임스퀘어에서 바라본 집창촌 홍등의 거리가 신산스럽게 느껴진다.

영등포는 꽤 많은 지역을 품고 있는 곳이지만, 우리가 흔히 영등포라고 말하는 곳은 영등포역 인근을 의미하는 경우가 많다. 또한 영등포를 생각할 때 떠오르는 눅진한 풍경 역시 영등포역 인근의 모습으로부터 기인한 것이다. 번잡한 거리와 노점상 그리고 역 인근을 서성이는 노숙인. 거기에 더하여 영등포역 인근에 있는 쪽방촌과 집창촌의 풍경은 많은 이들이 흔하게 기억하는 영등포의 모습이다. 그리고 그것은 남루한 일상의 어느 순간처럼 우리의 마음을 헤집으며 다가오곤 한다.

타임스퀘어에서 바라보는 홍등의 거리는 쇼핑몰의 풍요로움과 대비되어 묘한 느낌을 자아낸다. 집창촌 너머는 쪽방촌이고, 타임스퀘어를 둘러싼 동네는 온통 잿빛이다. 어둠 속에 홀로 빛나는, 성처럼 우뚝 솟은 타임스퀘어의 모습이 기이하기까지 하다. 쇼핑몰은 근대사회의 풍요로움을 상징하는 대표적 공간이다. 끝없는 인간의 욕망이 첨예하게 드러나는 곳이 바로 쇼핑몰이다. 타임스퀘어와 같은 쇼핑몰은 풍요로움을 통해 끊임없이 욕망을 자극한다. 그곳은 욕망을 해소하는 장이자 자기 위안과 과시의 장이기도 하다. 풍요롭고 안온한 그곳은 우리가 가닿고자 하는 인공 낙원의 극한이다.

사람들은 쇼핑과 여가를 즐긴 후, 창밖 풍경을 바라보며 식사를 하고 커피를 마신다. 그들의 얼굴은 행복함으로 가득하다. 쇼핑몰은 이러한 사람들의 일상을 책임진다. 그런데 쇼핑몰에서 집창촌을 바라볼 때면 낯섦을 넘어 기이한 마음까지 든다. 타임스퀘어와 집창촌의 대비된 모습에서 느껴지는 기이함은 단순히 빈부 격차와 같은 차이 때문만은 아니다. 타임스퀘어와 집창촌은 인간의 욕망이 우글거리는 곳이라는 점은 같지만 그것이 드러나는 양상은 너무 다르다. 한 곳은 근대사회의 풍요로움이 가져온, 영원할 것만 같이 견고하게 서 있는 욕망의 장이고, 다른 한 곳은 더 이상의 절망이 없는 것만 같은 삶과 원초적 욕망이 뒤엉킨 세계이다. 두 세계의 대비된 모습은 삶의 비애와 이율배반을 통해 슬픔과 절망을 드러낸다. 타임스퀘어와 집창촌은 비교할 수조차 없는 두 극단이기에 기이함의 절망은 그 깊이를 알 수 없다. 그것은 구룡마을과 타워팰리스로 대표되는 강남의 빈부 격차에서도 느끼기 힘든 참혹이다.

집창촌 인근에 있는 쪽방촌과 노숙인 역시 을씨년스러운 영등포의 이미지를 덧대는 공간이다. 영등포 쪽방촌은 영등포역과 맞붙어 있다시피 할 정도로 가깝다. 서울의 쪽방촌이 대부분 그렇듯 영등포 쪽방촌도 사창가와 연관이 있다. 서울은 물론이고 우리나라 쪽방촌의 상당수는 사창가에서 비롯된 것이다. 사창가로 사용되다가 여러 이유로 사창가가 폐쇄되고, 그 이후에 쪽방촌이 된 경우가 많다. 그래서 현재의 쪽방촌의 형태와 구조는 오래전 사창가의 그것과 같다. 서울의 대표적인 쪽방촌은 종로구 돈의동 쪽방촌, 종로구 창신동 쪽방촌, 서울역 쪽방촌, 영등포구 영등포 쪽방촌 등이다.

또한 쪽방촌이 있는 지역의 상당수는 노숙인 문제가 함께 나타난다. 서울의 대표적 노숙인 밀집 지역은 서울역, 종각, 영등포 등이다. 그동안 노숙인 문제로 가장 널리 알려진 곳은 서울역이었지만, 최근에는 영등포역 인근 노숙인 문제가 서울역 노숙인 문제만

영등포 쪽방촌 골목. 1970년대 정부의 단속으로 축소된 영등포의 집창촌은 1980년대 후반 쪽방촌으로 변모했다. 서울미래유산.

큼 심각하게 대두되고 있다. 다른 곳의 쪽방촌도 비슷하지만 영등 포역 인근의 쪽방촌 역시 노숙인 문제와 맞물리면서 사회적인 이슈 가 되기도 한다. 영등포를 제외한 서울 다른 지역의 집창촌이 폐쇄 된 것처럼 영등포의 집창촌과 쪽방촌 역시 개발과 폐쇄에 대한 논의 가 오랫동안 지속되고 있다. 하지만 쪽방촌과 집창촌 문제는 해당 지역을 강제로 철거하는 것만으로는 해결할 수 없다. 그곳을 삶의 터전으로 삼고 있는 이들에 대한 섬세한 논의와 배려가 필요하기 때 문이다.

영등포는 한강 이남 지역 중에서 가장 먼저 서울로 편입된 곳 이다. 1936년 경성부 확장 시기에 경성부에 속하게 되었다. 많은 이들이 서울 확장의 시발점을 강남 개발로 생각하는 경우가 많은데 강남을 포함한 한강 이남 지역이 서울에 편입된 것은 1963년도의 일이다. 서울에서 시작한 도심권의 연결은 전통적으로 영등포, 안양, 수원 등으로 이어졌다. 영등포는 도시 형성이 오래된 만큼 구도심의 전형성이 나타나는 지역이기도 하다. 이런 이유로 인하여 계획적으로 개발된 강남과는 다른 지역적 특성을 갖게 되었다.

영등포에 타임스퀘어를 비롯한 쇼핑몰과 백화점이 많이 들어섰지만 그곳은 여전히 잿빛 풍경이 거리 전반에 남아 있다. 또한 값비싼 대기업 브랜드 아파트와 퇴락한 영세 공장 지역이 혼재되어 있기도 하다. 이런 상황 속에서 영세 공장과 서민들의 주거지가 뒤섞인 잿빛 풍경은 우리에게 묘한 감정을 불러일으킨다. 재개발은 앞으로도 계속될 것이고, 영등포의 무수한 골목도 언젠가 사라질 것이다. 삶의 질이 개선된다는 것은 좋은 일이지만 그것이 누구에게, 어떻게 돌아갈 것인지는 모를 일이다. 화려한 쇼핑몰과 백화점이 풍요의 상징으로 밝게 빛나는 모습에 씁쓸한 마음이 드는 것은 바로 그런 이유 때문이다.

성처럼 공고하게 서 있는 타임스퀘어와 그 아래 맞붙어 있는 집창촌을 볼 때면 그것들의 극명한 대비만큼이나 커다란 비애가 밀려온다. 이토록 기이한 풍경은 오늘날 영등포의 모습이자 우리가 직면한 현실이다. 저렇게 밝게 빛나는 성의 주인은 누구인가? 그리고 홍등의 거리에 서 있는 이는 과연 누구인가? 타임스퀘어가 상징하는 풍요로움의 진짜 주인공은 우리가 아니다. 타임스퀘어로 대표되는 풍요로움은 한갓 신기루에 불과한 것이며, 우리가 그곳의 풍요로움을 누리고 있다고 생각하는 것 역시 근대가 만들어낸 착각이다. 우리는 그곳의 진짜 주인이 될 수 없다. 우리 모두는 홍등의 거리에 내던져진 존재들이며, 잿빛 풍경 속을 배회하는 슬픔의 어느 하루일 뿐이다.

혜화동 '학림', 하나의 공간을 지나가는 '시간들'에 대하여

　시간은 공간 속에 있을 때 오롯이 존재할 수 있다. 공간이 없는 시간은 추억도, 실체도 없는 허상에 불과하다. 십 년 전의 추억을 말할 때, 혹은 흘러간 대학 시절을 회상할 때, 우리가 기억하는 것은 단순한 시간이 아니다. 우리는 시간 속에 존재했던 특별한 공간을, 공간 속에서 만들어진 잊지 못할 사건을 기억하는 것이다. 우리가 기억하는 추억의 대부분은 공간과 함께 펼쳐진다. 추억은 과거라는 '시간' 위에 만들어진 것이지만, 공간을 통해 구체화되어 우리 앞에 모습을 드러낸다. 공간 속에 존재하는 시간이기에, 그것은 우리의 삶이 되어 분명한 '사건'으로 남을 수 있는 것이다.

　실제로 추억을 떠올릴 때, 많은 이들이 공간을 중심으로 이야기를 펼친다. 그런데 그 공간이 여러 사람들에게 알려진 곳이라면 추억의 층위는 한층 넓고 깊어지기 마련이다. 개인적으로 의미가 있는 곳은 그저 한 사람의 '추억의 장소'에 머물 뿐이지만, 여러 사람의 기억 속에 있는 장소는 문화가 되기도 하고 시대를 대표하는 상징이 되기도 한다. 하나의 장소가 오랜 시간을 견디며 살아남는 것은 쉽지 않은 일이다. 더구나 같은 곳에서 예전 모습을 잃지 않고 버티며 우리와 함께 세월을 견디는 것은 기적에 가까운 일이기까지 하다.

그런 점에서 대학로 '학림다방'은 특별하다. 1956년 문을 연 이후 같은 자리를 지키고 있다는 점에서 더욱 그렇다. '학림다방'은 대학로 그 자체라고 해도 될 법한 공간인데, 대학로를 넘어 우리의 근대사와 함께해온 역사적인 공간이기도 하다. 그리고 한국의 문화사를 관통하며 세월을 견딘 문학과 예술의 근거지이기도 하다. '학림다방' 2층 창가에서 바라보는 혜화동의 풍경은 어제인 듯 변함없지만 그곳에는 지난 세기의 역사가 오롯이 담겨 있다. 그곳은 혜화동 시절의 서울대 교정이기도 했으며, 4·19와 5·16 그리고 민주화운동의 생생한 현장이기도 했다. 또한 2002년 월드컵의 뜨거운 함성이 펼쳐진 공간이기도 했다.

'학림다방' 2층 창문은 스크린처럼 펼쳐진 채, 과거로부터 지금에 이르기까지의 시간을 보여주고 있는 것만 같다. '학림다방'의 낡은 소파에 앉아 있노라면 과거와 현재가 뒤섞인 시간이 곳곳에 펼쳐진 채 흘러가고 있는 것처럼 느껴진다. '학림'의 시간은 씨실과

학림다방은 1956년에 개업하여 옛 모습 그대로 자리를 지키고 있다. 몇 번 운영주가 바뀌고, 간간이 리모델링을 진행해 내부가 조금씩 달라졌지만, 여전히 '학림(學林)'이란 이름을 고수한 채 세월의 무게를 견디고 있다. 서울미래유산.

날실처럼 엮어 과거와 현재를 하나의 공간에 담아낸다. '학림'이라는 공간은 여러 층위의 시간을 관통하며 다양한 추억과 삶의 이야기를 우리 앞에 펼쳐 놓는다.

　　'학림'이라는 공간을, 아니 시간을 떠올린다. '학림'을 관통했던 모든 시간은 '학림'이라는 공간이 있기에 가능했던 것이다. '학림다방'이 존재했기에 '학림'을 둘러싼 시간도 가능했다. '학림'은 단순히 커피를 파는 공간이 아니다. '학림'은 우리가 삶을 인내했던 어느 순간이기도 하고, 청춘의 어느 페이지이기도 하다. 그리고 민주화의 뜨거웠던 함성이며 잊을 수 없는 추억의 순간이기도 하다. 하지만

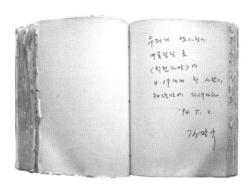

김광규 시인이 방명록에 남긴 글. 학림다방은 이청준, 김승옥, 김지하, 황지우, 박태수, 이덕희, 김민기, 김광림 등 수많은 작가와 연극인, 화가, 음악인들이 젊은 시절 꿈을 키우던 곳이다. 전혜린이 삶을 마감하기 전 마지막으로 들렀던 곳이기도 하다. 서울미래유산.

'학림다방'의 시간은 과거에 멈춘 채 추억만으로 남은 것이 아니다. 만약 '학림'의 시간이 과거에만 멈추어 있다면 그것은 이미 죽어버린 시간이다. 그러나 '학림'의 시간은 여전히 현재진행형이다. 지금도 많은 이들의 시간에 특별함을 부여하는 공간으로 남아 있다.

'학림다방'에서 사용하고 있는 물건들은 '학림'의 역사만큼이나 오래된 것들이 대부분이다. 하지만 '학림'의 모습은 조금씩 바뀌고 있기도 하다. 낡아서 사용할 수 없다면 새것으로 바꿔야 하는 법. 그러나 '학림다방'은 아무것도 바꾸지 않은 채 예전 모습 그대로인 것만 같다. 원형을 유지한 채 조금씩 바뀌기 때문에 '학림'의 변화를 느끼는 것은 쉽지 않다. 낡아서 더 이상 사용할 수 없는 것만을 바꾸는 방식이기에 '학림'은 그 오랜 시간을 견딜 수 있었을 것이다. 새롭게 바뀐 부분마저 다른 곳들과 섞인 채 역사가 되어가는 방식이 바로 '학림'이 세월을 견디는 방법이다.

앞으로 얼마나 많은 시간이 '학림' 앞에 놓일지 알 수 없지만 1956년부터 지금까지의 시간만으로도 '학림'은 역사 그 자체였다. 혜화동에는 '학림다방' 이외에도 오래전 이 동네를 떠올릴 만한 장소가 더러 남아 있다. 이제 혜화동에 밀다원이나 오감도는 없지만 마로니에공원과 아르코예술극장, 아르코미술관이 여전히 자리를 지키고 있다. 낙산공원으로 이어진 혜화동 골목의 정취도 우리의 마음을 사로잡는다. 그 가운데 '학림'이 있다. 우리나라에서 가장 오래된 다방이자 카페. 평일 오전의 한적한 혜화동을 걸어 '학림'에 가보자. 햇살이 쏟아지는 2층 창가에 앉아, 우리의 추억이 '학림'의 문을 열고 성큼성큼 들어서기를 기다려보도록 하자.

대림동,
경계인의 거리와
편견의 그늘

    대림동은 이제 중국동포와 중국인을 상징하는 기호가 되었다. 대림동의 거리는 중국어로 쓰인 간판으로 가득하고 거리 곳곳에서 중국어로 이야기를 나누는 사람을 어렵지 않게 볼 수 있다. 대림동은 한국 속 작은 중국이다. 이러한 대림동 거리는 이제 한국인들에게도 익숙한 풍경으로 다가온다. 하지만 대림동은 차별과 편견, 혐오를 떠올리게 하는 또 다른 기호이기도 하다. 한국인들이 가지고 있는 중국동포와 중국인에 대한 혐오는 일반화의 오류임에도 불구하고 완고하고 강력하게 작동한다. 그리하여 대림동은 어느새 살인, 장기 밀매, 보이스피싱, 폭행 등 범죄의 온상으로 각인되기에 이르렀다. 그러나 이것 역시 그들을 바라보는 시선이 왜곡된 탓이다. 영화 등의 대중매체는 중국동포 사회를 범죄자와 동일시하기 일쑤이고, 코미디는 이들의 삶을 희화화한다. 이런 상황 속에서 한국인들은 자신들의 영역에 중국동포들이 들어오는 것에 심각한 거부감을 갖기도 한다.

중국동포를 대하는 태도는 재미교포나 재일교포를 대하는 것과 완전히 다르다. 뿐만 아니라 일제강점기라는 비슷한 이주의 역사를 지니고 있음에도 불구하고 '고려인'과도 미묘하게 다른 대우를 한다. 중국동포를 의미하는 '조선족'은 중국 내에서는 소수민족을 가리키는 말이지만 한국 사회에서 그 말은 폄하와 멸시, 차별과 편견이 내재되어 있는 단어이다. 물론 고려인 역시 한국 사회에서 온전한 대우를 받는 것은 아니다. 오히려 큰 틀에서는 중국동포와 다르지 않은 인식 속에 놓여 있다고 할 수 있을 것이다. 이들은 온전한 중국인도, 중앙아시아인도, 한국인도 아닌 경계의 삶을 살아왔다.

경계인의 삶은 비극과 비애, 막막함과 혼돈으로 이루어진 것이다. 아슬아슬한 경계에 선 이들의 삶을 과연 어떻게 정의할 수 있을까? 그리고 한국인들은 경계의 삶에 대해 얼마만큼의 이해를 갖고 있을까? 경계인의 삶은 그 자체로 인정해야 하고 수용해야 한다. 그들의 삶을 타자의 관점으로 바라보는 것은 그들의 삶을 부정하는 결과를 가져온다. 하지만 중국동포에 대해 호의적인 한국인들조차 그들의 온전한 정체성을 이해하지 못하는 경우가 많은 듯싶다. 한국인들은 그들에게 온전한 한국인이 되기를 바라고 강요하지만 그것 역시 편견과 차별이다. 한국과 중국의 운동 경기에서 어느 나라를 응원할 것이냐는 질문은 중국동포에게 묻는 흔한 질문 중 하나이다. 이 말은 중국동포들이 태어나서 지금까지 살아온 정체성을 완전히 버리라는 압박 자체다. 하지만 한국인으로서의 정체성과 별개로, 지금까지 살아온 그들의 삶과 정체성 또한 있는 그대로 인정해야 한다.

한국인들은 중국동포들에게 유독 중국의 모든 것을 버린, 완벽한(?) 한국인이 되기를 요구한다. 다른 재외동포에게도 한국인으로서의 정체성을 강조하기는 하지만 중국동포에게 요구하는 것만큼은 아니다. 그리고 그것이 이루어지지 않았을 때, 혐오라는 폭력을 가하기도 한다. 지금까지의 그들의 삶을 부정하라는 요구는 누구도 할 수 없다. 역사의 굴레를 헤쳐온 중국동포의 삶은 그 자체로 인정해야 한다. 중국에서 태어나고 자란 정체성을 버리지 않는다고 하여 그것이 곧 한국인으로서의 정체성을 부정하는 것은 아니다.

중국동포인 장률* 감독은 자신이 연출한 영화 〈군산: 거위를 노래하다〉와 관련한 인터뷰에서 중국동포에 대한 한국인들의 이중적인 태도를 언급한 적이 있다. 그는 '조선족'을 멸시하는 한국인

---

*중국동포 영화감독이다. 중국에서 데뷔했으나 주로 한국에서 활동하고 있다. 중국에서 소설가와 교수로 활동하던 중 처음 연출한 단편영화 〈11세〉로 베니스 영화제 단편 부문에 초청받았다. 이후 〈망종〉으로 칸 영화제 비평가 주간에서 수상했으며, 페사로국제영화제, 시애틀국제영화제, 프랑스브졸아시아영화제, 시네마노보영화제, 이스트웨스트국제영화제, 부산국제영화제 등에서 수상했다. 이외에 들꽃영화상, 한국영화평론가협회상, 부산영화평론가협회상 등을 수상했다. 초기작부터 줄곧 중국동포, 탈북인 등 경계인의 삶을 다루고 있다. 대표작으로 〈망종〉, 〈두만강〉, 〈경주〉, 〈춘몽〉, 〈군산: 거위를 노래하다〉 등이 있으며 최근작으로 〈후쿠오카〉와 〈야나가와〉가 있다. 현재 연세대학교에서 영화 관련 강의를 하고 있다.

들의 태도를 언급하며, 윤동주 시인과 연관된 한국인의 이중성을 지적한다. 윤동주 시인 역시 조선족임에도 불구하고, 그 사실을 배제한 채 한국의 대표적인 민족 시인으로 추앙한다는 것이다. 하지만 윤동주 시인이 조선족으로서, 경계인의 삶을 살았던 것은 분명하다. 그가 우리 민족의 자랑스러운 시인인 것은 맞지만 '대한민국' 만의 시인으로 생각하는 것은 옳지 않다. 더구나 그것이 조선족에 대한 편견과 폄하의 가운데 나타난 것이라면 더더욱 잘못된 일이다. 장률 감독의 이와 같은 이야기는 한국인의 이중성에 대한 뼈아픈 지적이다.

중국동포에 대한 한국인의 태도는 이처럼 여러 가지 측면에서 많은 문제점과 모순을 지니고 있으며, 그들이 살고 있는 대림동 역시 이런 시선으로 바라보고 있다. 대림동을 함부로 가서는 안 될 곳처럼 이야기한다. 그러나 그것은 철저히 한국인의 시선으로 바라보고 재생산한 이미지에 불과하다. 물론 중국동포의 사고나 생활방식이 한국인과 다를 수 있으며, 때로는 그것이 불편할 수 있다. 하지만 지금까지 살아온 문화와 환경이 다른 상황 속에서 그것을 어느 일방의 잘못이라고 할 수는 없다. 그것은 '잘못'이 아닌 '다름'의 문제이다. 다시 한번 생각해보자 중국동포의 '다름'만을 문제 삼지 않았는지 말이다. 선진국 재외교포에게서 볼 수 있는 '다름'을 혐오의 시선으로 바라보고 배척하는 일은 상대적으로 드물지 않은가.

일제강점기. 북방의 이국을 떠돌던, 그러다 어느 낯선 곳에 정착한 유민의 삶을 떠올린다. 그리고 어느 곳에도 속할 수 없었던 경계인의 막막함을 생각한다. 중국동포 모두를 이런 시선과 감정으로 바라볼 수는 없겠지만, 그들의 선대가 감내해야 했던 고통과 슬픔은 명백한 역사이자 사건이다. 그러나 한국인들은 북방의 그들을 너무 쉽게 잊었고, 오랜 세월이 흐른 지금 한국인이 그들을 대하는 태도는 혐오의 대상을 대하는 것과 크게 다르지 않다. 더 나아가 한국인과 중국동포 집단을 계급적 관점으로 파악하기도 한다. '다름'과 '틀림'은 과연 무엇인가? 오늘 이곳에서 우리는 '다름'을 '틀림'으로 말하고 있는 것은 아닌가? '다름'은 때로 불편함을 가져오기도 하지만 서로 다른 삶을 살아온 만큼 그것은 당연한 것이기도 하다. '다름'을 인정하고 수용한다면 언젠가는 타자가 아닌 하나의 공동체가 될 수 있지 않을까 싶다.

을지로,
'힙'지로와
빈곤 포르노의
사이에서

누군가의 삶이 장식품처럼 쓰인다면 어떤 기분이 들까? 더구나 그것이 낡고 오래된 것이거나 가난한 삶을 대상으로 한 것이라면 그것은 얼마나 큰 폭력이며 상처인가. 최근 을지로에 불어온 변화의 바람은 바로 이런 폭력적 상황과 맞닿아 있는 것이다. 을지로는 일반적인 '힙타운'과 거리가 먼 모습을 지니고 있는 곳이었다. 미로처럼 펼쳐진 골목에 들어서 있는 점포의 대부분은 소규모 공구상이나 인쇄소와 같은 제조업 관련 업종이었다. 그리고 이곳에서 일하는 이들을 주된 손님으로 받고 있는 백반집 같은 식당이 있을 뿐이었다. 오래되고 낡은 을지로의 골목과 건물에는 수십 년 동안 그곳에서 잔뼈가 굵은 장인들이 묵묵히 삶을 이어오고 있었다. 을지

Ⅲ | 서울이라는 거리에서

로는 서울의 한복판에 있는 곳이지만 소규모 생산업 관련 업소가 밀집한 지역이다. 마치 1970-80년대의 모습을 보는 것만 같은 골목에 영세한 업소들이 다닥다닥 붙어 있다. 그런 만큼 을지로를 찾는 사람들 역시 이곳을 삶의 터전으로 삼고 있는 이들이 대부분이었다.

그런데 얼마 전부터 을지로가 그야말로 '힙타운'으로 급부상하기 시작했다. 눈을 씻고 보아도 '힙'한 구석이라고는 전혀 찾아볼 수 없는 곳인데도 불구하고 감각적인 카페 등이 들어서기 시작했고 예술가들이 만든 공간도 곳곳에 생겼다. 도시재생사업을 통해 을지로의 변화가 이루어지기도 했다. 이러한 변화는 언뜻 보기에 골목에 활력을 불어넣은 것처럼 비쳐지기도 한다. 그러나 그러한 변화는 그곳을 삶의 터전으로 삼고 있는 사람들을 배제한 경우가 많다. 오히려 을지로에서 오래도록 삶의 터전을 이어오던 이들은 이런 변화를 불편하게 생각하는 경우도 많다.

그 이유는 이런 변화가 상권의 활성화나 삶의 질을 바꾸는 순기능을 하는 것이 아니기 때문이다. 오히려 이런 변화는 다른 이의 삶을 전시하는, 폭력적인 양상을 띠기도 한다. '힙타운'이 된 을지로에 관광객들이 몰려들기 시작했고, 이곳에 터전을 잡고 일을 하던 사람들은 졸지에 동물원의 동물들처럼 관람의 대상이 되어버렸다. 관광객들은 낡고 오래된 골목과 점포를 배경으로 인스타그램에 올릴 레트로풍의 사진을 찍기에 바빴다. 이런 상황 속에 이곳 사람들에 대한 배려는 없다. 물론 을지로에 생긴 '힙'한 공간 중에는 저렴한 임대료 때문에 이곳을 선택한 경우도 있고, 을지로가 좋아서인 경우도 있다. 또한 도시재생사업이라는 선의를 실천하고자 하는 이들도 있다. 그러나 을지로의 낡은 분위기를 이용하려는 소수의 사람들 때문에 불화가 생긴 것 또한 사실이다.

을지로에 생기기 시작한 '힙'한 공간들은 을지로라는 낡고 오래된 지역 자체를 인테리어 삼아 을지로의 공간과 삶을 소비한다. 을지로의 허름한 건물이나 간판 같은 것들을 그대로 이용하여 레트로풍의 감각적인 공간을 만든 것이 이들 업소들이 갖는 공통적인 특징이다. 뿐만 아니라 이곳에서 일하는 사람들의 모습마저 인테리어화 하여 소비의 대상으로 삼는다. 관광객들은 을지로 사람들의 삶을 소비하며 '힙타운'의 분위기를 한껏 즐긴다. 그리고 인스타그램 등의 SNS에 사진을 올리며 이곳 사람들의 삶을 전시한다. 정말이지 폭력적인 모습이 아닐 수 없다. 을지로 골목의 치열한 삶의 현장을 인테리어처럼 이용하는 이런 행위를 과연 어떻게 바라보아야 할까? 누군가는 이런 의도가 전혀 없었다고 항변할지도 모른다. 그러나 낡고 오래된, '힙'한 감각과 거리가 먼 이곳에 '힙'한 분위기의 공간을 차린 것을 우연의 일치로 바라보아야 할까?

이러한 도시재생은 매우 불편하고 불쾌하며 올바르지 못하다. 그 이유는 이런 변화가 '빈곤 포르노'를 기반으로 하고 있기 때문이다. 을지로뿐만 아니라 전국의 많은 지역이 빈곤 포르노의 대상이 되어 한갓 관광객의 구경거리로 전락했다. 이와 같은 지역은 가난이나 추억 등을 강제로 전시당하며 타의에 의해 삶이 드러나게 된다. 을지로 역시 마찬가지이다. 그리고 이러한 변화는 곧 임대료의 상승을 불러오고, 이곳을 삶의 터전으로 삼고 있는 이들을 내쫓는 결과를 가져온다. 이러한 점을 걱정하는 을지로 상인들의 목소리는 이미 여러 매체를 통해 기사화되기도 했다.

을지로 골목의 어느 근사한 공간에 앉아 커피나 술을 마시는 풍경이 이상할 것은 없다. 그러나 그것이 다른 사람의 삶을 인테리어 삼아 이루어지는 것이라면 곤란하다. 허름하고 오래된 풍경이든 아니든 누군가의 삶은 장식으로 쓰여서는 안 된다. 그것은 폭력이고 기만이며 저급한 교만이다. 이러한 것은 결코 추억이나 레트로라는 이름으로 포장되어서는 안 된다. 그리고 을지로의 이런 분위기 속에 꾸민 그럴듯한 공간은 언뜻 보기에 멋진 곳처럼 느껴지지만 실제로는 미학적으로 그리 아름답지 못한 경우가 많다. 을지로의 분위기를 인테리어로 이용한 공간의 세련됨은 키치 이상도 이하도 아니기 때문이다. 누군가의 삶을 전시하는 '힙'지로의 골목은 이제 참담한 슬픔만이 남게 될지도 모를 일이다.

공장과 카페,
물러설 수 없는 삶의 최전선

— 성수동, 을지로,
　　문래동의 거리에서

　　요즘 공장 건물과 부지를 이용하여 카페나 문화 공간을 만드는 경우가 많다. 서울 성수동과 문래동, 을지로를 비롯하여 전국적으로 다양한 형태의 공장 카페가 생겼다. 심지어 속초에는 조선소 건물과 부지가 카페로 바뀌기도 했으며, 최근에는 농협 창고를 카페로 개조하는 사례도 많다. 외국의 경우는 이미 1980년대부터 이런 경향이 나타났다. 프랑스의 '오르세미술관'은 방치된 폐기차역을 활용한 것이고, 스페인 '구겐하임미술관'은 문 닫은 조선소를 이용하여 개관했다. 또한 영국의 미술관 '테이트모던'처럼 폐발전소를 리모델링하여 꾸민 사례도 있다.

　　그런데 폐공장이나 창고를 이용하여 만든 카페나 문화 공간은 '빈곤 포르노'를 기반으로 하고 있느냐 없느냐에 따라 긍정적인 평가와 부정적인 평가가 엇갈린다. 언뜻 낙후된 지역을 새롭게 꾸미는 재생사업이라는 점에서 유사하게 보이기도 하지만 지역민의 가난과 열악한 삶의 환경을 어떻게 수용하느냐에 따라 성격이 나뉜다. 지역민의 삶의 현장 한가운데에서 그들의 삶을 인테리어 삼은 방식은 '빈곤 포르노'라는 점에서 무례하고 폭력적일 수밖에 없다. 하지만 그렇지 않은 경우는 낙후된 지역을 활성화시키는 효과가 집중적으로 나타나기 때문에 긍정적이다.

위에서 언급한 '오르세미술관', '구겐하임미술관', '테이트모던 미술관' 등이 바로 그런 사례이다. 우리나라의 경우에는 연초제조창을 전시장으로 만든 청주의 '국립현대미술관'과 '문화제조창'이 그러하고 안양 김중업건축박물관 역시 폐공장을 활용한 순기능이 돋보이는 사례이다. 이외에도 고려제강을 복합문화공간으로 꾸민 부산의 F1963과 제지 공장을 미술관 등으로 만든 완주의 '산속 등대'도 있다. 하지만 소규모 공장 지역에 들어선 카페 등은 빈곤 포르노를 기반으로 하여 레트로 감성을 판매하는 경우가 많다.

미술관 등의 공적 영역의 시설이 들어서는 경우에 순기능이 돋보이는 이유는 공적 영역 시설이 지니고 있는 특성 때문이다. 공적 영역의 시설은 지역민의 삶을 전시하기보다 지역민의 거주 환경과 삶의 질을 높이는 역할에 초점을 맞추기 때문이다. 하지만 소규모 공장 지대에 들어선 카페는 지역민을 위한 시설이 아니라 관광객을 위한 경우가 많다. 더구나 관광객이 몰려든다고 해도 그것이 지역

성수역에 전시된 구두틀. 서울미래유산.

을지로 인쇄골목 풍경. 대한민국역사박물관.

민의 이익으로 환원되지 않는 경우가 많다. 공장 카페로 유명한 성수동의 경우도 '빈곤 포르노'의 문제로부터 자유롭지 못하며, 소규모의 낡은 공장이 밀집한 을지로 인쇄골목과 문래동 공장 지역 역시 마찬가지다. 더구나 '남루'를 두른 공장 카페들이 힙타운을 형성하며 지역 상권을 압도한다는 점은 씁쓸한 뒷맛을 남기기도 한다.

실제로 인천의 섬 지역에 생긴 한 카페가 유명세를 치르며 지역 상권을 휩쓸기도 했다. 이곳에 들어선 공장 카페는 일제강점기 방직 공장을 리모델링한 곳인데, 지역 전체의 인지도와 화제성이 상승함은 물론이고 지역의 여행 지형도가 바뀔 정도였다. 이런 가운데 다행스러운 점은 이 카페가 마을 한가운데 위치했지만 마을 전체에 '빈곤 포르노'의 프레임이 작동하지 않았다는 것이다. 그러나 그것에 특별한 이유가 있었던 것은 아니었다. 카페가 위치한 마을이 관광지화될 만한 요소가 적었고, 카페 자체만으로도 상품성이 있었기 때문이었다. 다만 여행객들이 해당 카페에만 몰리는 쏠림 현상이 심화된 것에 대한 우려의 목소리가 있기도 하다.

문래동 철공소 골목 안의 카페. 대한민국역사박물관.

공장 카페들은 넓은 면적과 독특한 분위기를 무기로 핫플레이스가 되는 경우가 많다. 공장 등과 같은 산업 시설을 문화 공간으로 탈바꿈시키는 것은 다양한 가치를 만들어낼 수 있을 뿐만 아니라 그 자체로 흥미진진한 일이다. 하지만 누군가에게는 현재진행형인 남루한 삶을 전시하는 것은 폭력과 오만의 다른 이름이다. 공장을 리모델링한 카페나 문화시설이 갖는 미학적, 정서적 가치는 분명히 존재한다. 때때로 유치한 키치의 일면이 보이기도 하지만 많은 이들이 그곳에서 즐거움을 누리기도 한다. 그렇다고 해서 모든 것이 용납되는 것은 아니다. 도시재생이 품위 있는 가치를 지니려면 지역민의 삶에 공감하는 공동체 의식이 내장되어야 한다. 자본을 무기로 가난과 남루를 소비하는 행위는, 그것이 의식적인 것이든 무의식적인 것이든 누군가의 삶을 고통과 참혹 속에 밀어 넣는 결과를 초래한다.

추억에 대해 생각한다. 성수동과 을지로, 문래동의 공장 거리를 걸으며 누군가는 추억을 떠올릴 것이다. 가난했던 과거의 개인

사를 통해 지나온 삶에 애달픈 마음이 들기도 할 것이고, 자신이 태어나기도 전의 흔적에서 부모님의 삶을 상상해보기도 할 것이다. 추억은 지금 가닿을 수 없는, 돌이킬 수 없는 어느 순간이다. 요즘 유행하는 레트로 역시 추억을 바탕으로 한 것이다. 우리가 낡고 오래된 것들을 현재의 시간에 소환하는 것 역시 무엇인가를 추억하기 위해서이다. 추억을 통해 소환된 것들을 통해 우리는 애틋함을 느끼기 마련이다. 그런 점에서 추억은 소중하다. 공장 거리를 걸으며 우리가 얻고자 하는 것은 무엇일까? 이 거리에서 감각하는 것들을 과연 온전한 추억이라고 할 수 있을까? 안타깝게도 그것은 온전한 추억이 아니다. '현재'의 삶이 진행 중인 곳에서 그것은 누군가의 절박한 현실이며, 물러설 수 없는 삶의 최전선이다.

이태원,
다국적 세계의
진짜 '우리'

이태원은 다국적 인종과 문화가 한데 어우러진 곳이다. 그곳은 다양한 나라의 사람들이 자유롭게 어울리는 해방구이자, 다채로운 문화를 경험할 수 있는 이색적이고 이국적인 공간이다. 이제 이태원은 외국인뿐만 아니라 내국인도 자주 가는 힙타운이 되었다. 하지만 이와 같은 특징이 본격화된 것은 2000년대 이후, 2010년대이다. 그전까지는 외국인들이 주로 모이는 지역적 특성이 강했다. 그때도 내국인들의 출입이 적지 않았지만 대중적인 힙타운은 아니었다. 2000년대 이전의 이태원은 내국인보다 외국인에게 익숙한 지역이었다는 점에서 지금의 이태원과 다르다. 특히 미군부대의 이전이 시작되기 전에는 이태원 유동 인구의 상당수가 미군이었다. 그러나 미군부대의 이전이 시작되고 난 뒤에는 한국 거주 외국인과 외국인 관광객 중심으로 재편되었으며, 내국인의 유입이 빠르게 늘었다. 이태원이 지금과 같은 대중적 '힙타운'으로 바뀐 것은 그리 오래된 일이 아니다.

이태원은 시기별로 다른 특성을 보이는데, 조선시대 중기부터 일제강점기인 1936년까지, 해방 이후부터 2000년대까지, 그리고 2010년대 이후로 나눌 수 있다. 이태원은 조선 중기부터 1936년까지 공동묘지로 사용되었다. 당시 한양(경성)에는 홍제내리, 수철리, 신사리, 미아리, 이태원 등에 공동묘지가 있었는데, 일제의 도시 개발과 군사기지 설치에 따라 뚝섬 면목리와 망우리, 교문리에 공동묘지를 조성하여 이장하게 되었다. 이태원 공동묘지는 당시 공동묘지 가운데 가장 규모가 컸으며 조선 중기부터 형성된 터라 연고를 찾기 힘들었다. 이때 연고를 찾지 못한 분묘의 유골들은 망우리 묘역에 있는 '이태원묘지 무연고묘 합장비'에 합장했다. 유관순 열사도 이태원 공동묘지에 묻혀 있었는데, 이곳에 합장되어 있을 가능성이 높다.

근대 이전의 이태원은 역원(驛院)이 있는 곳이기도 했다. 이태원이라는 명칭은 '원(院)'을 지역의 이름으로 사용한 곳들이 그러하듯 여행객들의 숙소인 역원으로부터 비롯된 것이다. '배나무가 많다'는 의미인 이태(梨泰)에 '원(院)'을 더한 것이다. 이태원에는 실제로 배나무가 많았다. 이태원 이외에 '원(院)'을 지역 이름에 사용한 인덕원, 장호원, 조치원, 사리원 역시 역원의 역할을 하던 곳들이다.

이태원 기지촌의 양공주(1962년). 서울역사박물관.

그런데 이태원이라는 명칭에 대한 또 다른 설이 있다. '다른 태반'이라는 의미에서 이태원(異胎圓)으로 불렸다는 설이 있는데, 임진왜란 중에 일본 군인에게 성폭행을 당한 여성들과 이들이 낳은 아이들, 임진왜란이 끝난 이후에 일본으로 돌아가지 못한 일본인들이 살던 곳이라는 의미를 지니고 있는 명칭이다. 이외에 일제강점기 일본인 전용 거주지인 '이타인(異他人)'으로부터 비롯되었다는 주장도 있다. '이태원(異胎圓)'과 '이타인(異他人)'이라는 명칭이 다국적 거리인 오늘날의 이태원과 오버랩되며 묘한 느낌을 자아낸다.

　　해방 이후에 형성된 이태원의 주요 이미지는 미군기지와 연관된 것이 주를 이룬다. 실제로도 미군기지는 이태원의 지역적 특성에 많은 영향을 주었다. 이태원에 형성된 기지촌은 물론이고 외국인 거리로서의 이태원의 모습 역시 미군기지의 영향이 크다. 그런데 이태원을 비롯한 용산 일대는 해방 이전부터 이미 군사기지로서의 특성을 지니고 있는 곳이었다. 용산은 조선시대부터 군사기지로서 중요한 역할을 했다. 이곳에는 조선군의 병참기지가 있었으며 청나라의 군대가 주둔한 적도 있다. 일제강점기에는 일본군이 주둔했는데, 주조선일본군 사령부가 이곳에 있었다. 이후 해방이 되면서 미군이 일본군 사령부를 접수하여 보병7사단을 주둔시켰다가 1949년 철수했는데, 한국전쟁 이후에 다시 주둔하기 시작했다. 이후 이태원은 용산 미군기지의 영향 아래 다국적 거리로서의 면모가 형성되었다. 용산 미군기지는 2013년부터 평택 기지로 이전을 시작했으며 현재도 진행 중이다.

이태원은 2010년대 이후 또 한 번의 변화를 겪는다. 미군을 비롯하여 외국인들이 주를 이루던 이태원은 외국인은 물론이고 내국인에게도 사랑받는 곳이 되었다. 이태원의 이국적인 분위기에 더하여 감각적인 카페와 상점 등이 들어서며 많은 이들의 사랑을 받게 되었다. 이러한 분위기는 미군기지 이전과 맞물리며 이태원을 대중적인 힙타운으로 주목받게 했다. 심지어 젠트리피케이션 문제가 불거질 정도였다. 미군기지 이전과 함께 위기를 맞지 않을까 걱정하는 이들도 있었지만 이태원 상권은 더욱 발달하게 되었다. 하지만 코로나19 사태가 발생하며 상권이 침체되기도 했다. 이태원은 2010년대 이후 짧은 기간 동안 급격한 성장과 침체를 겪으며 많은 부침이 있었지만, 기지촌의 이미지를 벗고 개성 있는 지역으로 탈바꿈했다는 점에서 의미가 있다.

이태원의 이미지는 단순히 외국인이 많이 모이는 거리라는 상징에 머물지 않는다. 이태원은 한국전쟁으로 인한 분단의 상처를 떠올릴 수 있는 곳인데, 그것과 관련하여 기지촌과 여성 문제, 분단과 군사 주권 등의 문제를 생각해 볼 수 있는 지역이기도 하다. 이태원에는 미군기지가 들어서며 미군을 상대하는 다양한 업소가 들어섰는데, 여성 접대부를 고용한 유흥업소 역시 성행했다. 또한 업소에 소속되지 않고 성을 파는 기지촌 여성 '히빠리'도 있었다. 미군이 주둔지 여성을 대상으로 성을 구매하는 등의 착취가 이루어졌다는 점에서 많은 생각을 갖게 한다.

또한 이태원은 젠더 이슈를 고민해볼 수 있는 지역이기도 하다. 이태원은 종로3가와 함께 대표적인 게이바 밀집 지역이다. 종로3가의 게이바가 일반적인 바(bar)나 가라오케, 술집 등의 형태인 반면 이태원 지역의 게이바는 클럽이 대세를 이룬다. 출입하는 대체적인 연령층 역시 차이가 있는데, 이태원의 게이바는 종로3가 게이바에 비해 출입하는 연령층이 낮은 경우가 많다. 이태원의 게이클럽은 이태원 파출소에서 한국 이슬람 중앙성원으로 올라가는 골목에 밀집해 있는데, 이곳을 '게이 힐(Gay Hill)'이라고 부를 정도로 많은 게이 클럽이 모여 있다.

이처럼 이태원은 단순히 외국인이 많이 모이는 곳을 넘어, 한국 근현대사의 생생한 현장으로 인식되는 지역이다. 또한 국경이 사라진 다국적 시대의 단면을 살필 수 있는 곳이기도 하다. 이태원은 외국인이 집중적으로 모이는 곳이라는 점에서 서울의 다른 곳과 다른 특별함을 지닌다. 물론 서래마을처럼 외국인이 집단으로 거주하거나 모이는 지역이 여러 곳에 존재하지만 대부분 특정 국가나 대륙 사람들이기 때문에 제한적이다. 이에 비해 이태원은 국가와 민족, 국적과 인종의 다양성이 두드러지게 나타난다. 우리는 오랫동안 단일 민족에 대한 환상을 가지고 있었다. 지금은 민족적 단일성에 대한 생각이 많이 바뀌었지만, 우리는 한때 단일 민족임을 자랑으로 여기기도 했다. 이태원 인근의 미군기지는 주권 국가인 우리나라에 주둔하고 있는 외국 군대라는 점에서 씁쓸한 마음이 들기도 한다. 그러나 단일 민족으로서의 '우리'가 아닌, 세계를 품은 '우리'를 발견할 수 있다는 점에서 긍정을 향해 나아가는 곳이라는 생각이 들기도 한다.

IV
서울이라는
새로움과
감각의 거리

1990년대의
서울은
어떻게 새로움이
되었나

　1990년대는 이전 세대와는 다른 근대적 세계의 새로움이 본격화되었다는 점에서 의미 있는 시기이다. 이 시기는 근대적 도시화가 본격적으로 시작되었다는 점에서 90년대 이전보다 더 깊게 근대성과 연관을 맺는다. 이전까지의 근대화가 산업 기반 시설과 도시 기반 시설을 갖추는 시기였다면, 90년대 이후는 그런 것들을 기반으로 근대적 삶이 본격화된 때이다. 이전 세대와는 다른 신인류가 정치, 문화, 경제의 전면에 본격적으로 등장하게 된 시기이며, 대중소비사회의 특징이 부각된 때이기도 하다. 우리의 삶이 아날로그 세계에서 디지털 세계로 바뀐 시점 역시 1990년대이다. 이러한 변화가 서울에 국한된 것은 아니지만, 서울이 90년대의 변화의 한가운데에 있었고 이러한 변화를 이끌었다는 점에서 1990년대 서울의 특징을 이야기하는 것은 중요하다.

앞에서도 말했듯이 우리나라의 근대화 과정 중에 중요한 시기는 1990년대와 더불어 1930년대를 꼽을 수 있다. 1930년대가 근대화의 시작과 연관되어 중요한 시기라면 1990년대는 산업화 이후에 진행되기 마련인, 진정한 의미에서의 도시화가 시작된 시기라는 점에서 의미가 있다. 한국전쟁 이후 산업화가 시작되며 우리나라의 도시는 외형적으로 근대적 도시의 면모를 갖추게 되었다. 그러나 빌딩과 아파트가 들어서는 등 서구 도시의 모습을 갖추는 것만으로 근대적 도시화가 완성된 것이라고 볼 수는 없다. 근대적 건물을 짓고 자동차를 운행한다고 해서 도시적 삶의 양상이 뿌리내린 것이라고 할 수 없기 때문이다. 도시화는 도시적 삶의 양상이 드러내는, 도시 문화가 존재해야 한다. 단순히 도시의 외양을 갖췄다고 도시화나 도시적 삶이 재현된 것은 아니다.

서울은 1980년대를 거치며 본격적인 도시 기반을 완성하게 된다. 이러한 변화를 바탕으로 우리의 문화는 이전과 비교할 수 없을 정도의 변화를 경험하게 된다. 1990년을 전후한 시기는 소비적 강남 문화가 한창 무르익는 시기였는데, 강남 문화가 화려함을 전면에 내세우며 우리 삶을 장악한 것이 바로 이때다. 홍대 인근 피카소 거리를 중심으로 시작된 인디문화가 우리 삶에 들어온 것도 90년대 초반을 지나 중반에 접어들 무렵의 일이다. 또한 1990년대 초반, 1기 신도시 건설이 완성되어 서울을 중심으로 한 수도권 일대의 모습 역시 완전히 변하게 된다. 이로써 서울이라는 거대 도시는 근대적 면모를 갖추었을 뿐만 아니라 문화적, 정서적인 면에서도 이전과 다른 모습을 갖게 되었다.

도시화는 필연적으로 산업화를 거치기 마련이다. 산업화를 통해 도시 기반 시설을 갖춘 이후라야 비로소 도시화가 진행될 수 있다. 이때 도시화는 구성원들의 의식이나 문화와 같은 무형의 것들을 포함한다. 그러나 우리나라의 도시는 1930년대 이래 본격적인 산업화의 단계를 거치지 못한 채 외양만 도시의 모습을 갖게 된 것이었다. 1970년대를 전후하여 비로소 산업화가 본격화되었으며 이러한 산업화는 1980년대까지 이어졌다. 이후 88년 서울올림픽을 거치고 90년대로 진입할 무렵에서야 산업화 이후의 근대적 도시의 면모를 본격적으로 갖추게 된 것이다. 또한 90년대로 진입하며 우리는 본격적인 대중소비사회를 경험하게 된다.

1990년대는 물질적 풍요로움을 기반으로 한 새로운 감수성이 등장했다는 점에서 눈여겨봐야 할 시기이다. 아울러 1990년대는 물질적 풍요로움이 가득한 시기이기도 했지만 IMF 구제금융 사태를 겪으며 경제적 파탄에 이른 시기이기도 했다. 1990년대는 이데올로기의 와해와 함께 시작되었다. 1990년 독일이 통일되고 1991년 소비에트연방이 해체되며 전 세계적으로 이데올로기의 시대가 종료된다. 우리나라 역시 1987년 6·29 선언에 이어 1993년 문민정부가 들어서며 이데올로기가 첨예하게 대립했던 80년내와는 다른 상황을 맞이하게 된다. 이데올로기가 무너진 자리를 차지한 것은 대중소비와 대중문화였다.

90년대는 7-80년대의 경제성장을 바탕으로 물질적 풍요로움을 누리던 시기였다. 이런 경제적 풍요로움을 바탕으로 소비와 물질적 욕망은 극대화되었다. 1990년대 압구정동 문화로 대표되던 물질적 욕망은 이전 시대의 그것과 비교가 안 될 정도로 커졌다. 고급 브랜드에 대한 소비와 쾌락적 욕망이 뒤범벅된 강남 문화의 시작이 바로 1990년대였다. 대중소비는 근대적 세계의 중요한 특징 중 하나이다. 대중소비는 근대의 시작이랄 수 있는 산업혁명 이후부터 시작된 것이다. 우리나라의 경우, 일제강점기에 근대적 세계가 시작된 이후에 대중소비사회가 시작되었다고 볼 수 있다. 그리고 7-80년대 산업화를 통한 경제성장 속에서 대중소비가 보다 확산되었다. 그러나 소비에 대한 욕구와 물질적 욕망이 더욱 극대화된 시기는 1990년대이다.

아울러 이데올로기가 무너진 자리는 대중문화로 재빠르게 대체되었다. 대중문화는 그야말로 문화의 최전선에서 대중들의 열광적인 지지를 이끌어냈다. 특히 영화 등의 영상매체가 많은 주목을 받았다. 또한 이 시기는 우리의 삶을 둘러싼 환경이 급격하게 바뀐 때이기도 하다. 삐삐와 휴대전화가 널리 보급되었고 PC통신을 거쳐 인터넷 문화가 확산되었다. 지금이야 휴대용 통신기기가 특별할 것 없지만 이 시기에 삐삐와 휴대전화가 대중적으로 보급되며 우리의 삶은 이전과 다른 양상을 띠게 되었다. 삐삐와 휴대전화를 사용한다는 것은 단순히 편리하게 소식을 주고받을 수 있게 된 것만을 의미하지 않는다. 그것은 공간과 시간의 패러다임을 완전히 뒤바꾼 일대 사건이었다. 이러한 상황이 복합적으로 전개되며 1990년대는 이전 시대와는 확연히 다른 문화적, 정서적 환경을 만들어냈다. 90년대 이후에 이르러서야 도시의 외형뿐만 아니라 문화적 측면과 같은 무형의 것들까지 도시화가 이루어진 것이다.

앞서 이야기한 것처럼 근대 초기 우리나라의 도시는 산업화의 과정을 거치지 않고 만들어진 기형적인 세계였다. 우리나라의 근대적 도시의 시초는 일제강점기의 경성이라고 할 수 있지만, 사실 이 시기의 경성은 근대화의 관점에서 보자면 진짜 도시라고 볼 수 없는 것이었다. 근대적 건물과 전차, 자동차, 포장도로, 백화점, 엘리베이터, 일루미네이션, 공중정원 등이 있었지만 그것은 단지 도시의 외적 형태에 불과한 것이었다. 1930년대의 도시 경성은 산업화를 거치지 않은, 껍데기뿐인 기형적인 공간이었다. 해방 이후 1980년대에 이르는 기간 역시 도시화가 본격화되었다고 볼 수 없다. 외적으로 근대도시의 모습을 갖추기는 했으나 산업화가 진행되던 시기라고 보는 것이 타당하다. 근대 공간으로서의 도시화는 단순히 고층 빌딩, 도로, 쇼핑센터, 상점 등이 들어서는 것만을 의미하지 않기 때문이다. 도시를 이루는 것은 물성을 지닌 것만이 아니다. 도시는 도시적 문화와 감각이 더해질 때 비로소 온전한 모습을 갖게 된다. 우리나라는 한국전쟁 이후 1960년대와 1970년대를 거치며 외형적으로 도시적 면모를 갖추게 되었지만 진정한 도시화를 이루었다고 볼 수는 없다. 그런 점에서 우리나라에 본격적인 근대적 도시와 문화가 탄생한 것은 1990년대라고 할 수 있다.

1990년대를 떠올린다. 이데올로기가 득세하던 80년대가 지나가고 그 자리를 차지한, 감각이 지배하게 된 세계를 떠올린다. 천리안, 하이텔, 나우누리, 유니텔 같은 PC통신이 등장하며 온라인 세계가 열리던 때가 바로 1990년대이다. 연이어 인터넷 시대가 열리고, '스타크래프트' 같은 온라인 게임이 선풍적인 인기를 끌던 때 역시 1990년대이다. 그리고 1992년 '서태지와 아이들'의 등장은 1990년대 문화가 어떤 양상으로 전개되고, 어떤 감각을 추구하는지 보여주는 상징적인 사건이었다. 1990년대를 기점으로 우리의 문화적 감각은 그 이전과 이후로 나뉜다고 해도 과언이 아니다. 영화 등의 영상매체는 1990년대 이후의 문화 질서를 점령하며 주류의 위치에 올라섰다. 인디문화와 클럽 등의 문화가 생긴 것도 1990년대이다. 그리고 이와 같은 흐름은 지금까지 이어오고 있다. 오늘날 전개되고 있는 문화적 흐름의 상당수는 1990년대의 연장선상에 있는 것이다. 심지어 'n포 세대'니 '88만 원 세대'니 하는 비전 없는 미래 역시 1990년대 후반 IMF 구제금융 사태로부터 비롯된 것이다. 그런 점에서 1990년대를 이해하는 것은 오늘을 살고 있는 우리의 삶을 이해하는 것이기도 하다.

그리고 바로 이와 같은 변화의 한가운데 서울이라는 공간이 존재한다. 1990년대의 변화가 우리나라 전체에 영향을 미치며 진행된 것이기는 하지만 그 중심에는 언제나 서울이 있었다. 강남 문화를 통해 1990년대 이후의 욕망을 자세히 들여다볼 수 있으며 홍대앞 피카소거리를 통해 인디문화와 감각화된 문화적 환경을 느낄 수 있다. 대중문화의 흐름이 첨예하게 작동하는 곳은 서울이다. 물론 서울 중심의 문화적 환경은 안타까운 일이지만, 서울을 통해 우리 삶의 변화와 흐름을 감지할 수 있는 것은 분명하다. 그런 점에서 1990년대라는 시대적 상황을 파악할 때 1990년대 서울의 모습을 이해하는 일은 중요하다. 또한 그것은 오늘을 살고 있는 우리의 삶을 이해하는 것이기도 하다.

홍대앞,
새로운 세대의
거리에서

1990년대와 함께 홍대앞 거리는 획기적인 변화를 겪는다. 90년대가 시작되기 전까지 홍대앞 거리는 특별할 것 없는, 다른 대학가와 별반 다를 바 없는 곳이었다. 분식점이 있고 술집과 카페가 있고 작은 식당들이 즐비한 평범한 거리였다. 심지어 골목 한편에는 옛날식 이발소가 자리 잡고 있기도 했다. 홍대앞 상권은 신촌 상권의 변방에 지나지 않았다. 1990년대 초반까지만 하더라도 인근 지역의 중심가는 단연 신촌이었다. 신촌을 중심으로 발달한 유흥가는 인근 이대앞과 더불어 1990년대 초반까지 서울을 대표하는 중심 상권이었다.

홍대앞이 중심지로 각광을 받게 된 것은 1990년대 초반에서

홍대앞 서교365에 위치한 상점과 주점. 서울역사박물관.

중반으로 넘어가는 시점이었다. 홍대앞이 사람들의 주목을 받게 된
것은 단순히 유흥가여서가 아니었다. 그리고 사람들이 홍대앞으로
모여들게 된 것 역시 상권이 발달한, 먹고 마시고 놀기 좋기만 해서
도 아니었다. 홍대앞은 이전의 대학로나 신촌 등이 그랬던 것처럼
고유한 문화를 앞세워 자신만의 정체성을 만들었는데, 사람들이 열
광한 것은 바로 그것 때문이었다. 대학로는 연극 등의 공연 예술을
위주로 한 문화의 거리로 자리매김을 했고, 신촌은 대학가 특유의
정서와 문화로 출발했다. 일찍이 1950-60년대 명동이 그랬듯이 나

름의 개성을 앞세워 고유의 분위기를 형성했다. 홍대앞에 사람들이 관심을 갖기 시작한 것은 인디밴드와 공연장 그리고 인디문화와 조화를 이루는 카페, 클럽 등의 공간이 들어서기 시작하면서였다.

홍대앞은 인디문화를 중심으로 한 특별함이 있었기에 일반적인 유흥가와는 다른 분위기를 형성할 수 있었다. 1세대 인디밴드인 '크라잉넛'과 '노브레인'이 등장한 것도 바로 이 시기였다. 그들은 우리나라 최초의 인디클럽이라고 칭할 수 있는 〈드럭〉에서 공연을 하며 홍대앞 문화를 이끌었다. 그리고 '황신혜밴드' 출신의 뮤지션 조윤석 씨는 제대로 된 홍대앞 문화를 만들고자 애를 쓰기도 했다.

하지만 인디문화를 중심으로 한 홍대앞 거리에 젊은 세대가 열광하면 할수록 그곳은 애초의 모습을 잃고 변했다. 사실 홍대앞이 이런 변화의 과정을 거치게 된 것은 특별할 것 없는 일이기도 하다. 젊은 아티스트와 문화에 대한 감식안을 가진 이들이 모여들어 괜찮은 분위기의 거리가 조성되면 여지없이 임대료가 오르게 되고, 결국 그곳을 만든 이들은 떠날 수밖에 없는 현상이 홍대앞 거리에도 일어났다. 홍대앞 상권이 상수동과 연남동 등으로 계속 확장된 것 역시 이러한 악순환 때문인 측면이 있다. 지금 홍대앞은 외국인 관광객과 10대들이 점령한, 인디문화가 주도하던 과거의 거리가 아니다. 어쩔 수 없는 일이라고는 하지만 그러한 상권의 변화는 부메랑이 되어 돌아올 수밖에 없는 것이다. 이런 사례는 인근 상권인 신촌의 경우만 보더라고 알 수 있다. 불패의 상권일 것만 같던 신촌은 고유의 개성을 잃어버린 채 몰락한 적이 있다. 문화는 사라지고 오로지 상업적인 분위기만 남게 되었을 때 그곳은 몰락하게 된다. 신촌 상권이 어느 정도 회복하기까지는 꽤 오랜 시간과 노력이 필요했다. 한번 무너진 상권을 되돌리는 것은 여간 어려운 일이 아니다. 비슷한 과정을 겪고 있는 홍대앞 역시 마찬가지이다.

1990년대의 홍대앞은 단순한 거리가 아니다. 지금이야 많이 퇴색되었지만 그곳은 한 시대를 상징하는 장소이며 새로운 문화와 감각의 시발점이었다. 물론 과거의 홍대앞 거리에서 느낄 수 있는 것들은 많이 사라졌지만 여전히 그곳은 90년대 인디문화의 시발점으로서 상징성을 지니고 있다. 사실 지금의 상수동, 연남동 등으로 확산된 상권과 문화는 홍대앞 문화로부터 비롯된 것이다. 역설적이게도 홍대에서 밀려난 이들이 인근의 저렴한 지역으로 자리를 옮겼고, 그런 과정을 거치며 홍대앞 상권이 인근 지역으로까지 확장되게 된 것이다. 과거와 다르다고는 하지만 홍대앞은 여전히 젊은 감각과 문화의 중요한 상징이다. 인근 지역으로 많은 이들이 떠났다고는 하지만 그곳은 아직까지 과거의 흔적을 담고 있다.

홍대앞을 이야기한다는 것은 단순히 장소를 소개한다거나 단편적인 장소성에 대한 논의로 한정되지 않는다. 홍대앞에 대해 말하는 것은 우리의 의식과 문화 전반에 대해 이야기하는 것이다. 홍대앞은 압구정과 더불어 1990년대를 대표하는 공간이며 인디문화를 이야기할 때 가장 먼저 언급되는 곳이다. 따라서 홍대앞을 이야기한다는 것은 단순히 번화가 상권을 언급하는 것이 아니다. 그것은 시대의 흐름을 파악하는 것이며 인디문화를 중심으로 한 최근

문화의 경향을 파악하는 일이기도 하다. 그런 점에서 홍대앞은 특정 지역을 의미하는 공간 개념이 아니라 특정한 시대와 문화를 의미하는 비공간적인 개념이라고 볼 수 있다.

홍대앞 문화는 홍대 앞 거리라는 공간을 중심으로 형성된 것이지만 특정 지역에 국한된 것이 아니다. 그것은 새로운 감각과 세대의 출현을 알리는 광범위한 현상이었다. 1990년대라는 감각의 시대가 열리게 되었을 때 가장 주목받은 지역은 홍대앞과 압구정이었다. 그러나 압구정이 대중소비사회의 욕망과 소비로 대표되는 공간이었던 데 반해 홍대는 새로운 문화가 시작되는 장으로서의 공간이었다. 이처럼 압구정과 홍대앞은 모두 젊은 세대가 주도한 공간이었지만 양상은 상당히 달랐다.

홍대앞 문화는 1990년대의 시대적 특징과 밀접하게 연결되어 있다. 이데올로기가 사라진 곳에 등장한 감각적인 문화는 X세대의 등장과 함께 신선한 충격으로 다가왔다. 이들의 문화와 사고는 이전 세대와 완전히 다른 것이었다. 그들은 자유로웠으며 문화에 대한 감각 역시 이전의 세대의 그것과 차이가 있었다. 홍대앞으로 대표되는 1990년대의 감각은 이전 세대와 연결 고리를 갖지 않았다. 오히려 홍대앞 문화가 등장한 1990년대의 모습은 지금의 젊은 세대가 누리고 있는 문화와 더 강한 친연성을 갖는다. 홍대앞의 인디밴드가 그렇고 인디밴드들이 활동하던 클럽이 그러하며 문화와 예술에 대한 감각 역시 유사한 맥락을 갖고 있다. 이러한 특성은 1990년대 문화 전반의 성격 역시 마찬가지이다. 1990년대에 확산되기 시작한 게임과 인터넷이 그러하고 영화를 비롯한 대중문화가 주류 질서 안으로 수렴된 부분 역시 그러하다.

그런 점에서 홍대앞 문화는 새로움의 감각을 만들어냈다고 볼 수 있다. 홍대앞이 과거에 비해 상업화되었다고는 하지만 여전히 그곳은 감각적인 문화의 힘이 느껴지는 곳이다. 그리고 홍대앞으로부터 시작되어 인근으로 확산된 상권 역시 고스란히 홍대앞의 유전자를 지니고 있다는 점에서 긍정적이다. 홍대앞은 여전히 개성적이고 특별한 문화적 환경 속에 놓여 있다고 할 수 있다.

홍대앞은 자신만의 고유한 개성을 끊임없이 재생산하고 있다. 홍대앞은 수많은 예술가들이 활동하는 소규모 공간이 곳곳에 산재해 있는 곳이다. 때문에 많은 예술가들이 홍대앞으로 몰려들었고 이러한 것들이 복합적으로 작용하여 홍대앞은 독특한 정체성을 지니게 되었다. 홍대앞이 과거 신촌의 전철을 밟고 몰락할지, 아니면 고유한 개성을 유지할지는 좀 더 지켜봐야 할 것 같다. 홍대앞 문화가 1990년대의 새로움을 만든 것처럼, 오늘날에도 의미를 가지려면 홍대앞만의 정체성을 유지해야 한다. 홍대앞은 자생적 문화를 기반으로 성장한 곳이다. 자생적 문화의 힘! 그것이야말로 홍대앞 문화를 유지할 수 있게 하는 원동력이다.

바람 부는 날이면
압구정동에
가야 한다

홍대앞과 함께 압구정동은 1990년대를 이야기할 때 빼놓을수 없는 공간이다. 두 곳은 대중소비시대가 본격적으로 시작되며 형성된 지역(또는 문화)이라는 점에서 비슷한 성격을 지니지만 젊은 세대의 새로운 문화를 보여준다는 점과 대중소비사회의 한 극단이라는 점에서 차이를 지닌다. 홍대앞은 1990년대 대중소비사회와 함께 시작되었음에도 불구하고 인디문화를 비롯한 고유의 문화적 환경을 토대로 형성되었다. 하지만 압구정동은 달랐다. 홍대앞 문화가 창조적인 문화적 자양분을 가지고 있던 데 반해 압구정동은 문화적 환경보다 즉물적 세계가 지배하는 욕망의 세계로 인식되는 곳이었다. 시인 유하는 『바람 부는 날이면 압구정동에 가야 한다』

라는 시집을 통해 압구정동의 욕망과 소비를 이야기하기도 했다. 물론 압구정동이 모두 소비문화의 극단적 공간이었던 것은 아니었다. 하지만 압구정동을 중심으로 한 강남 문화가 향락적 소비문화를 중심으로 확산되었음은 부정할 수 없는 사실이다. 1990년대 압구정 문화는 문화적 의미를 내장하지 못한 채, '오렌지족'으로 대표되는 욕망과 소비가 극대화된 양상을 보여주었다.

압구정 문화와 '오렌지족'을 이야기하기 위해서는 'X세대'를 먼저 이야기할 필요가 있다. 1990년대는 이데올로기 시대가 저물게 되면서 새로운 문화와 감각이 나타나게 되는데, 이러한 현상의 중심에 서 있던 젊은 층을 X세대라고 불렀다. X세대는 선배나 부모 세대와 다른 감각과 생각을 지닌 집단이었다. 물질적 풍요로움 속에 성장한 이들은 자유롭고 유연한 사고와 삶의 방식을 지니고 있었다. X세대의 등장은 단순히 새로운 세대의 등장만을 의미하지 않는다. 이들의 등장은 새로운 가치관의 등장이었으며, 과거와 다른 삶의 방식이 출현한 것이기도 했다. 이들의 등장은 1990년대라는 정치적, 경제적 특성과 맞물리며 우리 삶의 새로운 지평을 열게 된다.

언뜻 보기에 X세대와 오렌지족은 유사한 성격을 지닌 집단처럼 보이기도 한다. 하지만 오렌지족은 X세대 속에서도 이질적인 집단으로 볼 수 있다. 오렌지족이 X세대의 일부 특성을 지니고 있었지만 물질적 소비와 소모적 향락이라는 점에서 X세대와 같지 않다. 오렌지족은 X세대의 일부 특징이 나타나는 하위 범주의 개념이다. 따라서 1990년대 압구정 문화는 1990년대 문화사의 한 부분일 수는 있지만, 대체적으로 즉물적 소비문화 중심의 소모적 현상에 국한시켜 파악할 필요가 있다. X세대가 1990년대 새로운 세대의 등장을 의미하는 포괄적 개념이라면, 오렌지족은 강남으로 대표되는 물질만능주의의 한 단면이라고 보아도 무방하다.

X세대와 오렌지족은 이데올로기의 종언과 감각적인 문화의 도래를 근간으로 한다는 점에서 관련이 있기도 하지만 향락적 소비문화의 측면에서 분리하여 생각해야 한다. X세대 역시 물질적 풍요로움의 세례를 받기는 했지만, 그것은 새로운 세대의 감수성이나 사고방식, 삶의 지향점이나 태도와 관련된 것이었다. 하지만 오렌지족은 즉물적 세계를 추구하는 소비향락문화와 조금 더 관련이 있다고 할 수 있다. 특히 오렌지족은 부동산 투기 등을 통해 축적한 부를 통해 일반인들이 상상하기 힘든 소비 패턴을 보이기도 했다. 오렌지족의 소비문화는 그것이 욕망과 쾌락, 즉물적 세계관을 지향한다는 점에서 많은 문제점을 지니고 있었다. 실제로 오렌지족 문제는 소비향락문화뿐만 아니라 마약, 성적 일탈 등과도 맞물리며 사회 문제화되기도 했다. 압구정동은 이러한 소비향락문화의 첨병이라고 할 수 있는 오렌지족 문화의 중심에 있는 지역이었다.

오렌지족이라는 용어는 강남의 부유층 자녀들을 중심으로 한, 소비향락문화를 즐기는 서브컬쳐 집단을 의미한다. 이들 집단은 이후 IMF 구제금융 사태가 일어나기 전까지 소비향락문화를 주도했다. 압구정 문화를 이끈 것은 물질적 풍요로움이었다. 1970-80년대의 경제성장을 바탕으로 1990년대 물질적 풍요로움의 시대가 열렸는데, 강남 문화의 토대가 된 경제성장과 풍요로움은 대부분 부동산 투기와 같은 비정상적 경로를 바탕으로 한 경우가 많았다. 더구나 1990년대 압구정의 소비 주체로 급부상한 2-30대 젊은 세대의 경우, 부모 세대가 취득한 물질적 풍요로움에 편승한 측면이 강했다. 그들의 소비문화는 자신들의 힘으로 축적한 부를 통해 향유한 것이 아니었다. 이들은 부모 세대가 이루어놓은 물질적 풍요로움 속에서 별다른 걱정 없이 소비하는 삶을 영위해 나갈 수 있었다.

오렌지족으로 대표되는 이들은 욕망과 소비를 자신들의 정체성으로 삼는 듯 보이기까지 했다. 물론 이러한 소비문화를 이들의 책임만으로 돌릴 수 없을지도 모른다. 1990년대는 이들의 소비문화가 아니더라도 사회 전반에 이러한 분위기가 광범위하게 퍼져 있었다. 또한 이전 세대와 구분되는 정서적, 감각적, 문화적 변화가 감지되던 시기이기도 했는데, 이러한 변화의 가운데 풍요로움을 기반으로 한 소비가 폭발적으로 증가한 측면도 있었다. 오렌지족을 중심으로 한 소비문화가 사회 전반의 소비 패턴을 대변한다고 할 수는 없겠지만, 당시 우리 사회의 소비문화가 이전 세대의 그것과 같지 않았던 것만은 분명하다. 오렌지족 정도의 소비 규모를 감당할 수 있는 계층은 제한적이었지만 오렌지족으로 대표되는 소비문화가 사회 전반에 많은 영향을 미쳤다.

1990년대는 경제적 호황과 IMF 구제금융 사태라는 경제성장의 양극단이 나타난 시기였다. 압구정동은 양극단 중 한쪽이었던 경제적 호황의 소비문화를 대표하던 곳이었다. 산업화 시기를 바탕으로 1990년대는 본격적인 소비문화의 시대로 접어들었다. 이 시기는 경제적인 호황뿐만 아니라 부동산 투기까지 겹쳐 최고의 호황기를 누리던 때였다. 이러한 경제적 풍요로움은 이데올로기의 퇴조, 자유롭고 유연한 문화적 환경과 함께 극에 달하게 된다. 하지만 이와 같은 소비문화는 오래가지 못했다. 97년 IMF 구제금융 사태가 발생하며 우리나라의 경제는 그야말로 나락으로 떨어지고 만다. 직장인들의 상당수가 명예퇴직이라는 이름으로 강제 퇴출당했으며 외환 보유고는 바닥을 드러냈다. 은행 이율은 10% 중반으로 최악이었으며 자영업자 역시 제대로 된 삶을 이어가지 못했다. 1990년대 초중반의 호황기는 그야말로 순식간에 사라지고 말았다.

그런데 1990년대의 강남 문화는 아직까지도 면면히 이어지고 있다. 당시의 강남 문화가 보여준 폭발적인 소비 지향은 지금까지 이어져 강남 지역의 소비 패턴이 되었다. 1997년 이후 수년 동안 IMF 구제금융 사태의 그늘이 드리웠지만 강남 지역의 소비 패턴은 변함없었다. 오히려 당시 강남 지역의 부동산을 통해 부를 축적한 이들은 오늘날 더 많은 부를 소유하게 되었다. 명품 등에 대한 소비와 욕망은 그때나 지금이나 다를 바 없이 이어지고 있다. 오늘날 강남의 모습은 1990년대 욕망의 연장선상에 있다. 당시 압구정을 중심으로 형성된 욕망의 사슬은 지역과 계층을 넘어 확대되었는데, 강남의 세속적 소비 욕구와 즉물적 세계관은 지금도 지속되고 있다.

물론 1990년대의 특성이 이어지고 있는 것은 강남 문화뿐만

이 아니다. 1990년대 홍대앞을 중심으로 형성되었던 새로움의 문화 역시 면면히 이어져 오고 있다. 오늘날 대중문화를 비롯한 새로운 문화적 감수성과 삶의 방식은 다양한 영향력을 주며 이어지고 있다. 다만 1990년대로부터 비롯된 여러 가지 모습 중에서 압구정을 중심으로 형성되었던 소비문화는 여전히 부정적 양상으로 전개되고 있다. 그곳은 자신들만의 캐슬(Castle)을 만들며 '강남'이라는 세계를 공고히 하려고 한다. 그리고 이러한 욕망은 우리가 살고 있는 세계 전반을 지배하기에 이르렀다. 오늘날 소비문화의 첨병으로서 압구정이라는 지역은 예전의 빛을 잃었지만 그곳으로부터 비롯된 '강남'이라는 욕망은 여전히 우리의 세계를 지배하며 확산되고 있다. 이제 현대사회의 욕망은 스스로 진화하는 괴물이 되어 우리의 삶과 세계를 지배하기에 이른 것이다.

신촌,
젊음이라는
기호와
상징의 거리

신촌은 그 자체로 젊음의 기호이자 상징이다. 젊음이 넘치는 거리는 많지만 신촌만큼 젊음이라는 상징이 거리를 장악한 곳도 드물다. 그 이유는 대학가에 위치했다는, 지리적 상징성이 크겠지만 그것만으로 젊음이라는 신촌의 상징성을 설명할 수는 없다. 신촌이 지니고 있는 젊음의 기호와 상징은 여타 대학가의 그것과 다르다. 뿐만 아니라 다른 지역의 번화가나 유흥가와도 다르다. 신촌은 대학가라는 지리적 특성에 더하여 사회적, 정치적, 문화적 측면 등의 다양한 모습을 통해 젊음이라는 상징을 부여받았다. 대학가로서의 신촌의 특성은 1970년대 청년문화를 만들었고, 이후 80년대까지 젊음과 정치적 격변의 무대가 되기도 했다.

1970년대 연대 앞 독수리다방 전경.
서울역사박물관.

1967년 신촌로터리 부근. 국가기록원.

신촌의 '젊음'은 대학이 밀집된 요인도 있지만 그곳이 외부로부터 진입이 용이한 지리적 특성을 지니고 있기 때문이기도 하다. 신촌은 다른 대학가보다 유동인구의 출입이 활발하기 때문에 다양한 계층과 연령층의 사람들이 오간다. 젊은 세대의 비율이 월등히 높기는 하지만 일반적인 대학가와 달리 직장인 등 일반 성인의 비율이 적지 않다. 이러한 특성을 통해 신촌의 '젊음'은 생명력을 가지고 우리 모두의 '신촌'이 된 것이다. 1970-80년대는 물론이고 지금에 이르기까지 신촌은 젊음의 현장 그 자체라고 해도 과언이 아니다.

신촌은 현재진행형인 젊음의 거리지만 과거의 젊음을 소환하는 곳이기도 하다. 50여 년 신촌을 지키고 있는 커피숍 〈미네르바〉와 〈독수리다방〉, 30여 년 신촌의 힙스페이스였던 〈우드스탁〉이 아니어도 많은 이들에게 신촌에서의 추억 하나쯤은 있기 마련이다. 신촌은 세월이 흐르면서 많은 것이 변했지만 젊음이라는 상징은 그때나 지금이나 변함없이 그 자리를 지키고 있다. 기성세대에게 신촌은 젊은 날의 어느 순간으로 기억된 공간이다. 하지만 이때의 신촌역시 현재의 신촌과 다를 바 없는 새로움의 감각을 간직하고 있다. 신촌은 이들의 추억을 현재화하며 현재진행형인 순간으로 환원시킨다. 그런 점에서 신촌의 시간은 과거와 현재가 중첩되어 존재하는 것이다. 현재의 젊음과 과거의 젊음은 씨실과 날실처럼 직조되어하나의 젊음을 만들어낸다.

그런데 신촌은 인근의 홍대 거리와 여러모로 비교가 된다. 두곳은 젊은 거리라는 점에서 비슷한 점이 많지만, 거리가 형성된 과정이나 특성이 상당 부분 다르다. 홍대앞이 1990년대 이후 인디문화와 소비문화의 양가적 특성을 드러낸 힙타운이라면, 신촌은 1970년대 청년문화로부터 시작되어 젊음을 상징하는 거리가 되었다. 신촌은 누구에게나 열린 공간이었으며 심리적, 경제적 장벽도높지 않았다. 또한 힙타운처럼 급작스럽게 부각된 공간이 아니라자연발생적인 구도심 번화가의 특성을 드러내며 형성된 거리이다. 그럼으로써 신촌은 누구에게나 열려 있는 공간으로 다가서며 젊음을 상징하는 대표적인 거리로 오랜 세월 사랑받게 된다.

그런데 이와 같은 신촌의 입지는 2000년대 중반 이후 급격히흔들리게 된다. 신촌은 1970-80년대 이래 젊음을 상징하는 거리이자 대표적 번화가의 지위를 굳건히 지키고 있었지만, 2000년대 중반 이후 침체기에 빠지게 된다. 견고해 보이던 신촌은 상권이 발달하며 나타난 여러 문제점으로 인해 스스로 만든 덫에 빠지고 말았다. 그동안 신촌 상권은 끝도 없이 번성할 것처럼 눈부시게 성장했지만 오히려 그것이 발목을 잡고 말았다. 상권이 발달하면서 임대료가 치솟기 시작했고, 높은 임대료를 감당하지 못한 자영업자와 예술가들은 신촌을 떠날 수밖에 없었다. 신촌을 떠난 이들의 상당수는 인근의 홍대 지역으로 자리를 옮겼는데, 역설적이게도 이러한 현상이 홍대 상권을 형성하는 데 상당한 영향을 미쳤다.

90년대 중반 이후 홍대 인근 거리가 힙타운으로 부상한 것은 신촌의 몰락을 예고하는 전조였다. 홍대 거리가 각광받게 될수록 신촌의 입지는 더욱 좁아졌다. 초창기 홍대는 소비와 향락이라는 일부 모습에도 불구하고 인디문화를 통해 새로운 시대의 젊은 문화를 이끌었다. 하지만 신촌 상권은 어느 곳에서나 흔하게 볼 수 있는 먹자골목으로 전락했다. 그리하여 신촌은 젊은 문화를 수용하거나 이끌 만한 요소가 사라진, 특색 없는 거리가 되고 말았다. 과거 청년문화의 자취 역시 시대 변화에 따라 사라진 지 오래였다. 결국 신촌은 거대한 번화가 이상도 이하도 아닌 공간으로 전락하게 된 것이다. 이런 상황이 지속되면서 신촌 상권은 직접적인 타격을 받을 수밖에 없었다. 신촌의 몰락은 자연스럽기까지 한 것이었다. 결국 문화적 배경과 개성적인 거리 문화의 유무가 인근에 자리하고 있던 두 곳의 운명을 가른 셈이다. 신촌 상권의 몰락은 스스로 자초한 측면이 크다.

신촌의 몰락은 꽤 긴 시간 이어졌는데, 신촌이 다시 활력을 찾게 된 것은 2010년대 중반에 이르러서였다. 2013년부터는 물총축제가, 2015년부터는 맥주축제가 열리기 시작했으며 2014년에는 기존 차도를 대폭 줄이고 보행자 공간을 확장했다. 또한 주말에는 '차 없는 거리'를 운영하며 신촌 나름의 문화를 확보하고자 노력했다. 축제는 신촌 거리에 활력을 불어넣었으며, 도로 정비와 '차 없는 거리' 지정은 사라진 문화를 되살리는 마중물이 되기도 했다. '차 없는 거리'를 지정하고 인도를 넓히는 등의 보행자를 위한 배려는 단순히 걷기 좋은 거리를 만드는 효과만 가져온 것이 아니었다. 보행자 중심의 도로 환경이 거리 공연 등을 활성화시켜 사라진 문화를 돌아오게 했기 때문이다. 이러한 노력으로 인해 신촌 상권은 다시 살아나게 되었다. 신촌이 되살아난 것은 우연이 아니라 신촌을 살리고자 하는 적극적인 노력 때문이었다. 이처럼 신촌의 몰락과 재도약의 과정을 통해 문화의 중요성을 실감할 수 있다.

그런데 신촌은 의외의 지리적 환경으로 인해 낯선 공간을 품고 있는 곳이기도 하다. 화려한 번화가를 품고 있지만 수십 년 전 거리의 풍경을 고스란히 담고 있는 곳이기도 하다. 사실 우리가 생각하는 신촌은 신촌 중에서 번화가 지역에 국한된 경우가 많다. 하지만 신촌은 신촌로터리 일대 지역 모두를 일컫는다. 다만 지하철 2호선 신촌역에서 연세대학교에 이르는 번화가를 신촌이라고 지칭하는 경우가 많을 뿐이다. 신촌이라고 불리는 번화가 지역은 신촌 전체 중 일부일 뿐이다. 그런데 신촌 번화가는 연세대학교와 철길로 가로막혀 있고, 연세대학교로 향하는 메인 도로 한쪽은 언덕길에 모텔촌이 형성되어 있다. 또한 서강대학교 쪽과 현대백화점 건너편은 대로가 가로지르고 있기 때문에 보행자의 흐름과 상권이 끊길 수밖에 없는 구조다. 그리고 신촌 번화가 내부는 창서초등학교가 상권의 확장을 막고 있으며 비좁은 도로 때문에 환경을 개선하기도 어렵다. 이런 이유로 신촌은 외부로부터의 유동인구 유입이 쉽게 이루어지는, 열린 특성을 지니고 있는 곳임에도 불구하고 단절된 지리적 환경을 가지고 있기도 하다. 사실 신촌의 단절된 지리적 여건으로 인하여 상권의 몰락이 가속화된 측면도 있다. 다만 번화가의 열린 듯 닫힌 구조는 메인 도로 재정비 사업과 '주말 차 없는 거리' 조성으로 어느 정도 상쇄되었다.

색다른 신촌을 경험하고 싶은 사람이라면 지하철 신촌역 6번 출구 뒤편 동네와 서강대학교에 이르기까지의 도로 양쪽 골목을 살펴보도록 하자. 이 지역은 오랜 세월 서울 도심이었음에도 불구하고 아직까지 1980년대의 풍경이 남아 있는 곳이다. 심지어 수십 년 전 시골에서 보았을 법한 미용실과 여인숙이 여전히 영업 중이다. 유동인구도 많지 않고 의외의 정취를 지닌 공간이 꽤 있는 곳이기에 색다른 신촌을 한가롭게 즐길 수 있다. 그리고 신촌 번화가 안에도 우리가 잘 찾지 않는, 그러나 꽤 근사한 골목이 있다. 연세대학교 가기 전에 있는 굴다리 인근의 창천교회 골목이 바로 그곳이다. 철길과 창천교회 담벼락 때문에 아무것도 없는 듯 보이기도 하는데, 그 골목 안에 의외의 공간이 보석처럼 숨어 있다는 것은 아는 사람만 아는 사실이다.

"신촌에서 만날까?"

이 말처럼 약속 장소를 정할 때 흔하게 하는 말이 있을까 싶다. 물론 약속 장소로서의 신촌이 다른 지역, 다른 장소에 비해 대표성을 갖는다는 것은 아니다. 또한 신촌에서 만나자는 말이 실제로 다른 장소에서 만나자는 말보다 더 흔하게 하는 것인지도 분명치 않다. 하지만 신촌이라는 장소가 지니고 있는 상징성을 어느 정도 보여주는 말임에는 분명하다. 신촌은 그만큼 많은 사람들에게 누군가와의 관계와 사건과 사연으로 다가오는 공간인 것이다. 신촌에 대한 추억은 각자의 시간에 멈추어선 채 무수히 많은 젊음으로 기억된다. 때문에 신촌의 젊음은 누구에게나 현재진행형이다. 신촌의 과거는 흘러간 낡음이 아니라 과거 속에 남겨진 새로움이다. 그리고 오늘날의 신촌은 누군가의 현재이면서, 동시에 누군가의 미래가 기억하게 될 과거의 순간이기도 하다. 이 모든 것은 젊음이라는 싱그러움으로 기억될 것이다. 신촌이라는 빛나는 순간과 싱그러움으로 말이다.

강남,
욕망의 탄생과
소비되는
거리에서

프로이트는 "인간의 욕망을 멈추게 하는 것은 죽음뿐"이라고 말했다. 욕망은 채워지는 순간 또 다른 욕망을 잉태하며 끝없이 지속된다. 인간의 욕망은 이처럼 결코 끝나지 않은 채 영원히 계속된다. 욕망은 근대 이전부터 있어 왔던 것이지만, 근대 이후 더욱 강렬한 양상으로 전개되기 시작했다. 우리는 근대 이후 펼쳐진 대중소비사회 속에서 욕망을 더욱 노골적으로 드러내게 되었다. 즉물적 세계관 속에서 욕망은 우리 삶의 절대적 가치가 되기에 이르렀다. 물론 근대 이후의 욕망을 즉물적 세계관만으로 설명할 수는 없을 것이다. 그러나 근대 이후에 드러나는 욕망의 바탕에 물질적 세계관이 자리 잡고 있음은 부인하기 어렵다.

욕망은 더 많은 것을 소유하고자 하는 마음에서 비롯한다. 그러나 더 많은 것을 소유하기 바라는 욕망이 결핍 상태에서만 비롯하는 것은 아니다. 결핍이 언제나 욕망을 불러일으키는 것은 아니기 때문이다. 욕망은 결핍으로부터 오기도 하지만 대부분 더 많은 것을 소유하고자 하는 과도한 욕심으로부터 비롯한다. 충분히 많은 것을 가지고 있으면서도 더 많은 것을 소유하고 싶은 욕망. 이러한 욕망은 물질적인 것을 모든 가치의 중심에 두기 마련이다. 그런데 우리 세계의 근대성이 심화되면 될수록 욕망의 강도 역시 더욱 커진다. 근대성의 시대에 욕망은 괴물처럼 무한정 커지며 우리의 삶 자체가 되기에 이른다.

그런데 욕망은 무엇 때문에 생기는 것일까? 욕망은 단순히 무엇인가를 갖고 싶은 욕구만으로 설명하기 어렵다. 물론 무엇인가를 소유하고 싶은 마음 역시 욕망임에는 분명하다. 그러나 단순히 무엇을 갖고 싶은 소박한 마음만으로 근대 이후, 괴물로 변해버린 욕망을 설명할 수는 없다. 욕망의 본질적인 목적은 결핍의 충족이 아니다. 결핍을 충족하고자 하는 것은 지극히 자연스러운 욕구이며, 그것 자체를 욕망이라고 볼 수 없다. 소유에 대한 욕구라는 점에서 결핍에 대한 충족과 욕망은 비슷한 면이 있지만 그 둘은 같지 않다. 결핍을 충족하고자 하는 것과 욕망은 타자에 대한 태도에서 다르다.

결핍을 충족하고자 하는 마음은 자신의 내부를 향해 발현되는 데 반해 욕망은 타자와의 관계를 통해 드러난다. 욕망은 타자와의 차별화를 통해 자신의 존재를 드러내고 싶어 한다. 더 나아가 타자를 배제하고 자신의 이익을 극대화하고자 한다. 그런 점에서 욕망은 배타성을 지닌다. 다른 사람보다 더 많은 것을 갖고 싶은 욕망은 단순히 '나'만의 문제로 국한되지 않는다. 또한 자신이 속한 공동체의 유대를 공고히 하고 공동체 외부에 있는 이들을 배척함으로써 자신이 가진 것들의 특별함을 부각시키고자 한다. 그렇기 때문에 욕망은 언제나 '나' 혹은 '우리' 이외의 타자가 같은 영역에 들어오는 것을 반기지 않는다. 물론 이러한 배타성이 언제나 그어떤 '의도'를 가지고 의식적으로 발현되는 것은 아니다. 어떤 경우에는 비이성적 본능에 따라 무의식적으로 나타나기도 한다. 이와 같은 배타성은 외부자의 반감을 사기 마련이다. 하지만 외부자 역시 그들의 공동체에 들어서기를 원하는 경우가 많으며, 공동체의 일원이 되었을 때 다른 이들을 타자화시키는 경우도 많다.

강남이라는 공간은 (그것이 의도적이든 아니든) 다른 지역과 차별화된 상징 이미지를 갖는다. 이렇게 차별화된 상징 이미지는 강남이라는 공동체를 형성하게 되고, 타른 지역을 타자화시킴으로써 강남만의 성역을 구축한다. 그러나 지금 여기에서 이야기하는 것은 강남 거주민들을 배타적 특성을 지닌 집단으로 매도하는 것이 아니다. 이것은 강남 거주민에 대한 이야기라기보다 강남이라는 상징이 우리 사회에 작동하는 배타성에 대한 이야기이다. 그리고 당연히 이러한 배타성이 전적으로 강남 주민들 탓이라고 할 수도 없다. 하지만 강남은 해당 주민들의 의지와 무관하게 이미 사회적 구조 속에서 배타적 성격을 갖게 되었다.

강남에 들어설 수 있는 자격은 돈이라는 물질적 가치를 통해 간단히 (그러나 결코 쉽지 않게) 획득할 수 있다. 높은 주택 가격 등의 요인이 외부인의 강남 유입을 어렵게 하기 때문인데, 반대로 생각하면 물질적 조건만 해결되면 누구나 손쉽게 진입할 수 있기도 하다. 물론 강남 공동체의 진정한(?) 구성원이 되기 위해서는 물질적인 것 이외의 조건이 필요할 수 있지만 그것은 차후의 문제이다. 물질적 기반을 바탕으로 형성된 강남 공동체는 이제 사교육, 커뮤니티 등을 통해 자신들만의 성역을 더욱 굳건히 다지게 된다. 그리고 이러한 차이를 통해 강남이라는 부와 권력은 외부와의 차이를 더욱 공고히 한다. 그리하여 강남은 거대한 성벽을 두른, 쉽게 접근할 수 없는 요새가 되어버린다. 시간이 흐를수록 강남 공동체는 더욱 공고해진다. 강남에서 태어나고 자란 아이들이 자연스럽게 획득하게 되는 학연과 지연은 또 다른 권력이 되어 강남의 아우라를 만들어낸다. 이처럼 눈에 보이는 차이뿐만 아니라 눈에 보이지 않는 차이 역시 막강한 힘이 되어 타자와의 거리를 더욱 벌린다.

그런데 아이러니한 것은 강남 역시 이러한 차별 속에 건설되었다는 점이다. 강남이 농경지였다는 것은 널리 알려진 사실이다. 또한 강남은 상습 침수 지역으로 사람이 거주하기에 적합한 곳이 아니었다. 그러던 강남이 개발되기 시작한 것은 1970년대부터이다. 1960년대부터 강남 개발에 대한 논의가 이루어지기 시작해 1970년대부터 1980년대까지 본격적으로 개발되었다. 강남 개발을 추진하게 된 배경은 서울의 인구가 급격히 늘어난 탓도 있지만 전쟁이 일어났을 때를 대비하여 도시 기능을 분산시키기 위해서였다. 하지만 강남 개발의 이면에는 서울 이외 지역에 대한 배타적 의식도 자리하고 있었다. 1966년 서울시장이 된 윤치영은 "서울 사람은 서울에 살아야 하고, 시골 사람은 시골에 살아야 한다"*는 신념이 있었는데 그에게는 "인구 100만 명 정도의 서울이 진정한 서울"**이었던 것이다. 당시 강남은 서울 이외 지역으로 치부되는 곳이었다. 강남 개발은 어쩌면 "사대문 중심의 '서울 본토' 안으로 밀려 들어온 이방인들을 쫓아내기 위한 좋은 방안에 불과"***했는지도 모른다. 그런데 아이러니하게도 지금의 강남은 서울의 다른 지역과 차별화된 '강남특별시'가 되어버렸다.

강남은 이제 특정한 지역을 가리키는 말에서 나아가 부에 대한 하나의 상징이 되었다. 그런 만큼 많은 이들이 타자의 위치에서 벗어나 강남의 내부로 진입하기를 소망한다. 그러나 강남은 누구나 갈 수 있는 곳이지만 아무나 갈 수 없는 곳이다. 대부분의 사람들은 강남의 밖에 놓인 채 타자화되어버린다. 강남의 고층 주상복합아파트가 신분이 되어버린 세계 속에서 즉물적 욕망을 성취하는 것은 이제 우리 삶 최고의 가치가 되어버린 느낌마저 든다. 오늘날 사람들은 욕망을 성취하여 다른 사람과의 차이를 성취하고자 한

---

*한종수·계용준·강희용, 『강남 공화국』, 미지북스, 2016, 27쪽.
**위의 책 같은 쪽.
***위의 책, 28쪽.

다. 그리고 이러한 차이를 통해 다른 이들을 타자화시킴으로써 자신의 욕망을 완성하고자 한다. 우리는 모든 것이 욕망으로 대체된 세계 속에 살고 있다. 강남은 이러한 모습을 적나라하게 보여주는 세계이며 우리의 욕망 자체이기도 하다. 그리하여 강남은 이제 우리 안에 내재한 즉물적 욕망을 상징화한 기호이자 괴물이 되기에 이르렀다.

잠실 롯데월드, 인공 낙원의 꿈과 숨겨진 현대성의 비극

롯데월드, 롯데월드타워 전경.

롯데월드는 하나의 기호이자 상징이다. 그곳은 단순한 놀이 공원이 아니라 현대문명사회의 비극성이 감춰진 공간이며 대중소비 사회의 욕망이 꿈틀대는 곳이다. 지하철 2호선과 8호선이 교차하는 잠실역에 내리면 곧바로 모험과 신비의 나라 〈롯데월드〉에 입장할 수 있고, 우리나라 최고층 빌딩 〈롯데월드타워〉에 갈 수 있다. 롯데월드와 롯데월드타워에 있는 것은 놀이공원과 쇼핑몰과 호텔만이 아니다. 그곳에서 할 수 없는 일은 존재하지 않을 것만 같다. 이곳은 하나의 도시이자 왕국이다. 강남 한복판에 이렇게 거대한 왕국이 존재한다는 것은 정말 놀라운 일이다. 그곳은 절대군주가 지배할 것만 같은, 무너지지 않는 세계이다. 왕국의 일상은 행복하고 평화로우며, 풍요롭고 즐거운 날들은 끝나지 않을 것처럼 이어진다.

롯데월드와 같은 놀이공원은 우리가 살고 있는 세계의 비극성과 깊은 연관을 맺고 있다. 모험과 신비, 꿈과 낭만의 세계인 놀이공원이 비극성과 관련이 있다고 생각하기 어려울 것이다. 현대문명사회가 비극적 세계라는 것은 널리 알려진 사실이다. 우리는 근대 이후 욕망으로 가득한 비극적 세계 속에서 살고 있다. 이 세계는 욕망으로 가득하며 즉물적 세계인 현대문명사회 속에서 우리의 정신은 황폐해질 수밖에 없다. 놀이공원은 현대문명사회의 비극성을 감춘 채 꿈과 희망과 낭만의 세계로 우리를 안내한다. 놀이공원은 현실의 비극을 감추고 고통을 즐거움으로 위장한다. 놀이공원을 만든 이들이 애초에 이러한 것들을 염두에 둔 것은 아닐지라도 결과적으로 그렇다. 고통스러운 현실로 가득한 현대문명사회를 행복한 세계로 착각하게 만든다.

놀이공원은 현실의 고통을 행복한 세계로 위장하는 공간이다. 현대문명사회는 이성적 세계처럼 보이지만 실상은 전혀 그렇지 않다. 놀이공원은 비이성적 현실 세계보다 더 강력한 비이성적 세계(때로는 유치하게 보이기까지 한)를 펼쳐놓음으로써 현실 세계의 유치함을 감추려 한다. 그리하여 그것은 이내 현실의 비극을 인지하지 못하게 만든다. 그런 점에서 놀이공원은 현대문명사회를 사는 우리 스스로가 만든 위무의 공간이자 착란을 불러일으키게 하는 세계이다. 또한 놀이공원은 꿈과 희망으로 위장한 자본주의의 상징이기도 하다. 놀이공원은 철저하게 자본의 논리에 의해 만들어지고 운영된다. 모든 것은 소비와 욕망에 초점이 맞춰져 있으며 즐거움과 기쁨의 크기는 우리가 지불하는 금전적 크기와 비례한다. 놀이기구를 즐기고 나오는 곳에는 (현실에서는 쓸모없어 보이는) 예쁘고 깜찍한 상품이 진열되어 있으며, 그곳에서의 하루를 행복하고 즐겁게 보내기 위해서 우리는 지갑을 열 준비를 해야 한다. 심지어 돈만 지불한다면 놀이기구를 빠르게 탑승할 수도 있다. 놀이기구를 대기 시간 없이 탑승한다는 것은 단순하게 시간을 아낄 수 있다는 의미만을 갖고 있지 않다. 그것은 시간마저 돈으로 환원하는 놀이공원의 즉물적 세계관이 투사된 것이다. 놀이공원은 눈에 보이지 않는 무형의 시간마저 철저하게 자본의 논리로 바꾸는 욕망의 바벨탑이다.

롯데월드는 서울의 중심가 중 한 곳인 잠실에 자리 잡고 있다는 점에서 다른 놀이공원과 차이가 있다. 서울 중심가 한복판의 놀이공원이라니! 정말 너무나 비현실적으로 느껴진다. 다른 놀이공원들은 대부분 도심을 벗어난 곳에 있거나, 도심 인근에 있다고 하더라도 주거지나 상업지역과 어느 정도 거리를 두고 있는 경우가 대부분이다. 그런데 롯데월드는 아파트가 즐비한 서울의 중심가에 자리 잡고 있다. 지극히 현실적인 삶과 생활이 이루어지는 곳에 있는 놀이공원은 대비된 풍경만큼이나 이질감이 느껴지기도 한다. 놀이공원 바로 옆에 아파트가 있고, 일을 하고 소비를 하는 업무지역과 상업지역이 롯데월드와 뒤섞여 있다. 그러니까 그곳은 현실 세계 속에 자리 잡은 환영이다. 이런 공간은 때로는 현실을 왜곡하기도 한다. 롯데월드와 롯데월드타워, 매직아일랜드가 있는 이곳은 우리의 삶과 세계에 그 어떤 환상을 부여하며 다가온다.

놀이공원이 현실의 비극을 감추는 상징으로 작용하는 것은 새삼스러운 일이 아니다. 하지만 롯데월드는 현실 공간 속에 존재하는 환영이라는 점에서 다른 놀이공원과 차이가 있다. 다른 놀이공원들은 놀이공원이라는 상징 기호와 현대성의 비극이라는 대척점을 눈앞에 직접 펼쳐 보이지 않는다. 놀이공원과 현실의 대비된 상징 기호는 우리의 의식 속에서 이루어지는 작용일 뿐이다. 하지만 롯데월드라는 환영과 현실 공간의 대비는 두 세계의 상징을 극적으로 현재화한다. 그것은 도심 한가운데 우뚝 서서 현대문명사회가 아름답고 멋진 것이라는 주문을 걸고 있는 것만 같다. 롯데월드라는 환영은 그런 주문을 걸며 우리의 무의식 속으로 잠입한다.

롯데월드라는 거대한 왕국은 환상이 아닌 현실 속에 단단히 자리 잡고 있다. 현실 속의 그것은 그러나 신기루처럼 공중을 부유하다 이내 사라져버릴 것처럼 위태롭게 보이기도 한다. 롯데월드를 비롯한 놀이공원들은 지상에 결코 존재하지 않는 세계를 보여준다. 그리하여 놀이공원은 환상과 현실을 분리시켜 삶이 행복한 것이라는 거짓을 믿게 만든다. 놀이공원은 현실 공간에 실재한다는 점에서 진짜이고, 우리의 진짜 삶과 다른 환영을 만든다는 점에서 가짜이다. 그리고 이러한 점은 놀이공원을 공간의 측면에서 바라보았을 때뿐만 아니라 시간의 관점에서 보았을 때에도 마찬가지이다. 그곳에서의 시간은 현실 속에 실제로 존재하는 것이지만 우리의 일상과 분리되었다는 점에서 현실 공간에서의 시간과 다르다.

놀이공원은 존재하지 않는, 아니 존재할 수 없는 세계를 눈앞에 선보임으로써 우리가 잊고 지냈던 추억을 소환한다. 그러나 그것은 우리가 경험했던, 혹은 꿈꿔왔던 세계와 같지 않다. 아름답고 행복한 하루로 위장된 놀이공원에서의 시간은 본질적으로 삶의 고통을 해소시켜주지 못한다. 그것은 그저 우리의 실제 삶의 고단함을 잠시 잊게 할 뿐이다. 물론 그러한 놀이공원이 잘못된 것이라고 할 수는 없을 것이다. 삶의 고단함을 잊게 하는 놀이공원은 삶의 활력소이기도 하다. 그 점을 부정할 수는 없다. 하지만 놀이공원이 주는 환상, 모험, 행복, 즐거움, 꿈, 희망 등의 감정이 삶의 본질을 바꾸지 못한다는 점 역시 명확하다. 그것이 우리에게 긍정적으로 다가오는 것은 현실에 그런 세계가 온전히 존재하기 힘들기 때문이다. 놀이공원은 현실의 고통, 좌절, 절망, 무미건조함, 지루함 등을 잠시나마 잊게 함으로써 우리를 현실 너머의 세계로 안내한다.

이제 롯데월드는 롯데월드타워와 짝을 이룸으로써 완벽한 왕국을 이루었다. 롯데월드 타운에서 할 수 없는 일은 이제 없어 보인다. 아니, 그곳은 애초에 비현실의 세계를 가능하게 만드는 공간이라는 점에서 무엇이든 할 수 있는 곳이었는지도 모른다. 그것은 구름을 뚫고 솟아 있는 신기루처럼 허망한 것일 테지만, 현실의 한가운데에 단단하고 웅장하게 서 있는 실존이다. 그것은 신기루가 아니다. 롯데 왕국은 슬픔의 영역을 용납하지 않는다. 그곳에는 언제까지고 영원할 것만 같은 행복이 존재할 뿐이다. 롯데월드에서 꿈과 낭만을 경험하고 쇼핑몰에서 욕망을 채우는 것. 미슐랭가이드에 소개된 멋진 레스토랑에서 우아한 식사를 하고 최고급 호텔에서 야경을 바라보며 보내는 하루는 얼마나 멋진 일인가. 이런 공간에 현실의 불행이 끼어들 틈은 없다. 그러나 실제 현실은 그렇지 않다는 점에서 그것은 또 얼마나 큰 불행처럼 다가오는가. 잠실역에 내려서 걷는 롯데 왕국의 거리는 실재인가 아닌가? 우리 삶의 진짜 모습은 과연 무엇이며 어디에 있는 것인가? 롯데 왕국을 바라보면 언제나 그런 생각이 들고는 한다.

경부고속도로,
　　시간 중심
　　세계에서
　　공간 중심
　　세계로

경부고속도로, 서울역사박물관.

　　근대 이전의 세계가 시간 중심 세계였다면 근대 이후의 세계는 공간 중심의 세계로 바뀌었다. 근대 이전의 세계에서 거리는 시간으로 치환되어 인식되었다. 이것은 단순히 어느 정도의 시간이 걸리느냐의 문제가 아니었다. 가고자 하는 곳에 대한 인식 이전에 그곳까지의 여정이 중요하게 다가온 것이다. 그런데 근대 이후의 세계는 이동 시간이 단축됨에 따라 시간에 대한 스트레스가 줄어들게 되었다. 물론 여전히 가고자 하는 곳까지 얼마의 시간이 걸리는지 생각하지만 가고자 하는 공간에 대한 비중이 더 커졌다.

* [사진] 경부고속도로 준공 기념 소책자(1970.7.7.), 서울역사박물관 소장

이를테면 부산에서 서울까지 간다고 했을 때, 근대 이전의 세계에서 우리는 서울이라는 공간보다 서울까지 걸리는 시간과 여정을 먼저 떠올리곤 했다. 이때 서울은 무수히 많은 시간 너머에 존재하는 공간이었다. 공간이 아닌 시간 중심의 사고를 했던 것이다. 하지만 근대 이후 교통수단의 발달로 인해 시간의 비중이 줄어든 대신 공간의 비중이 확대되기 시작했다. 이제 가고자 하는 곳까지 걸리는 시간은 단편적인 단위 정도로만 인식된다. KTX를 타고 부산까지 가는 데 걸리는 2시간 30분은 그 이상의 다른 것들을 떠올리게 하지 않는다. 그만큼 시간보다 가고자 하는 공간에 대한 인식이 확대되었다.

이제 대륙을 오가는 것 역시 어렵지 않다. 과거에 배를 타고 몇 개월 걸려 이동할 때의 시간을 생각해보라. 당시의 시간은 그것 자체가 여정의 중요한 부분이었고 그만큼 중요하게 다가왔다. 하지만 지금은 아침 식사를 하고 서울을 출발하면 저녁 식사는 샌프란시스코나 바르셀로나, 시드니 어느 곳에서나 할 수 있게 되었다. 이때 중요한 것은 그곳까지 걸리는 10시간 내외의 시간이 아니다. 우리의 의식 속에는 그곳까지의 여정인 시간이 아니라 샌프란시스코의 피셔맨스워프나 바르셀로나의 사그리다 파밀리아 성당, 시드니 오페라하우스와 같은 구체적인 장소가 먼저 펼쳐진다.

우리나라에 근대적 세계가 시작된 것은 일제강점기 이후지만 본격적으로 시간 중심 세계에서 공간 중심 세계로 전환된 것은 경부고속도로가 개통된 것과 연관이 있다. 일제강점기에 철도와 도로

가 부설되었지만 속도의 시대가 도래했다고 보기는 힘들다. 하지만 1970년 경부고속도로 개통은 시간과 공간에 대한 우리의 통념을 송두리째 바꿔놓았다. 당시 정부는 전국이 일일생활권이 되었다고 홍보했는데, 서울과 부산이 몇 시간 거리로 단축되면서 시간은 더 이상 우리 삶에 걸림돌이 되지 않았다. 서울과 부산을 오가는 시간이 어느 정도 극복되면서 시간이 아닌 공간이 중요하게 다가오기 시작했다. 오늘날에는 KTX와 비행기 등으로 시간이 더욱 단축되었지만 경부고속도로가 시간에 대한 개념을 바꾼 획기적인 사례임은 분명하다. 경부고속도로를 통해 우리의 삶은 근대적인 양상에 조금 더 가깝게 다가서게 되었다.

근대적 교통수단과 시설은 도시의 형성에 많은 영향을 미친다. 특히 경부고속도로는 강남이 비약적으로 발전하는 데에도 일정 부분 영향을 끼쳤다. 강남이 오늘날 중심지의 지위를 갖게 된 여러 가지 이유가 있지만 경부고속도로가 시작되는 곳이라는 점도 그중 하나이다. 1970년대에 개발이 시작되기 전까지 강남은 도시 발전으로부터 소외된 곳이었다. 상습 침수 지역인 탓도 있었지만 관악산과 청계산으로 막혀 있는 지형적인 조건도 치명적인 약점이었다. 서울에서 시작된 철도와 도로가 영등포를 지나 안양, 수원 등으로 연결된 것은 이러한 지형 때문이기도 했다. 그러던 중 경부고속도로가 개통됐고 고속버스터미널이 반포로 이전하게 되었는데, 이러한 교통 기반 시설의 건설과 강남 개발이 맞물리며 강남은 서울의 중심 지역으로 자리매김하게 된다.

그런 점에서 경부고속도로 개통은 우리 삶의 방식을 뒤바꾼 일대 사건임과 동시에 강남의 등장을 예고하는 것이었다. 이후 고속도로는 전국에 걸쳐 거미줄처럼 개통되었으며 시간의 비중은 더 낮아지게 되었다. 우리 세계가 시간 중심 세계에서 공간 중심 세계로 바뀌게 되면 공간은 서로 맞붙어 하나의 군(群)을 이루게 된다. 지구촌이라는 흔한 말 역시 이러한 공간 중심 세계가 된 우리의 현실을 반영한 것이다. 시간이 무화된 세계 속에서 우리는 더 많은 것을 보고 듣고 만질 수 있게 되었다. 하지만 시간이 무화된 세계가 과연 행복한 것인지는 알 수 없는 일이다. 우리가 더 많은 것을 보고 듣고 만질 수 있게 된 것만큼 우리가 관여하고 신경 써야 할 것들은 더 많아졌다. 공간 중심 세계로 이동한 세상 속에서 우리의 삶은 더 큰 근대의 고통과 마주하게 된 것이리라.

아파트 공화국,
욕망과 계급의
바벨탑

　서울은 아파트의 도시이다. 그것은 단순히 아파트가 많다는 것만을 의미하지 않는다. 서울의 아파트는 이제 한국인의 표준화된 삶의 공간이며 삶 자체이기도 하다. 물론 아파트가 우리 삶의 중요한 부분을 차지하고 영향을 미치는 것이 서울만의 문제는 아니다. 하지만 우리의 삶에 아파트가 미치는 영향이 특별하다는 점에서, 그리고 서울의 아파트가 우리나라 전반의 주택 시장과 욕망을 주도한다는 점에서, 서울의 아파트는 특별한 상징성을 가진다. 그것은 한국적 상황의 특별함이기도 하지만, 우리의 삶과 경제에 절대적이고 광범위한 영향을 끼친다는 점에서 보편적인 것이기도 하다.

　발레리 줄레조의 박사학위 논문을 책으로 펴낸『아파트 공화국』에는 외국인의 관점에서 바라본 한국 아파트의 모습이 잘 나타나 있다. 발레리 줄레조는 이 책에서 한강 인근 아파트가 빼곡하게 표시된 서울 지도를 보고 군사시설이냐고 물어본 친구의 사례를 이야기한다. 그것은 그만큼 서울의 아파트가 외국인의 눈에 기이하게 비쳤음을 의미하는 것이다. 또한 아파트 경비원을 고용하여 하인 부리듯 온갖 일을 시키면서도 경비원의 통제를 받는 점도 특이하다고 적고 있다. 외국인이 보기에 아파트가 주된 주거 형태인 한국의 상황은 우리의 아파트 주거 문화와 함께 꽤나 낯선 것이었던 듯싶다. 오죽했으면 한국의 아파트를 가지고 박사논문을 썼겠는가. 물론 외국의 주거 형태만이 타당하고 합리적인 것은 아니다. 그리고 아파트 위주의 우리나라 주거 형태를 비판적 시각으로만 볼 필요도 없을 것이다. 하지만 주거 형태가 아파트에 지나치게 집중되어 있는 것이 일반적이지 않은 것은 분명하다.

아파트라는 주거 형태가 우리나라에만 존재하는 것은 아니지만 일부 국가를 제외하고 아파트가 주거 형태의 절대다수를 차지하는 사례는 드물다. 더욱이 한국의 아파트는 유사한 면적과 구조를 지니고 있다는 점에서 특이하다. 아파트를 건설한 건설사는 제각각이지만 아파트를 이루는 형식은 대동소이하다. 또한 시기별로 아파트의 형태와 특징은 변하지만 일률적인 면적 구분과 기본적인 설계는 기존 아파트와 큰 차이를 보이지 않는다.

이런 가운데 우리나라의 아파트는 천편일률적인 형태를 갖게 되었고, 우리의 주거 환경은 개성 없는 공간으로 전락하고 말았다.

아파트가 주된 주거 형태로 자리 잡게 된 것에 대해 비판적 의견이 많지만 그에 비례하여 아파트에 대한 우리나라 사람들의 애정은 가히 폭발적이다. 아파트에 대한 비판적 인식에도 불구하고 아파트를 사랑하는 이율배반적 태도가 나타나는 것은 주거의 편의성과 환금성, 투자 대상으로서의 가치가 높기 때문이다.

판에 박힌 듯한 아파트의 형태와 구조에 대해 비판적 생각을 가지고 있는 이들이 많다. 그런데 우리가 비판적으로 인식하는 비슷비슷한 디자인과 구조는 아이러니하게도 우리가 아파트에 열광하는 근본적인 이유이기도 하다. 정형화된 면적과 디자인, 구조는 아파트라는 주거 공간을 화폐화한다. 유사한 형태로 지어진 주거 공간은 계량화되기 때문에 화폐와 같은 기능을 하게 된다. 우리나라의 아파트는 화폐와 동의어라고 해도 과언이 아니다. 그럼으로써 집은 더 이상 주거 공간만을 의미하지 않게 된다. 이제 우리 삶의 거처인 아파트는 화폐 자체가 되어버렸다. 집은 곧 돈인 것이다.

아파트는 화폐가 되어버림으로써 우리의 욕망을 자극한다. 그리하여 아파트는 욕망 자체가 되어 우리 삶을 끝없는 욕망의 세계로 유혹한다. 아파트는 가장 안정적이며 가장 수익률이 높은 투자처이다. 하지만 끝없는 욕망이 되어 천정부지로 오른 아파트 가격은 주택 시장에 아무나 들어서는 것을 거부한다. 이러한 욕망의 뫼비우스에 참여하기 위해서는 최소한 수도권에 한 채 이상의 아파트를 소유해야 한다. 맨땅에 헤딩하듯 월급을 모아 서울에 아파트를 사는 것은 불가능한 일이 되어버렸다. 서울을 비롯한 수도권은 거대한 아파트촌을 형성하며 욕망의 용광로가 된 지 오래다. 그리고 이러한 욕망은 전국으로 확대되어 그야말로 욕망의 '아파트 공화국'이 되기에 이르렀다.

우리나라의 아파트는 브랜드가 강화되고 대단지화 됨으로써 카르텔을 구축한다. 아파트는 이제 단순한 집이 아니다. 그냥 어느 어느 건설사가 지은 주택이라는 의미를 넘어 브랜드화함으써 그것은 매력적이고 값비싼 상품이 된다. 이때 아파트의 상품성은 단순히 물성을 가진 유형의 주택만을 의미하지 않는다. 아파트의 브랜드화는 그곳에 사는 주민들의 삶의 품격까지도 규정하고 포장하며 이미지화한다. 그리고 대단지화한 아파트는 특정 구역을 성역화함으로써 자신들만의 카르텔을 공고히 한다. 이때 아파트는 계층을 넘어선 계급이 되어 신분의 벽을 쌓는다.

우리나라 최초의 아파트는 일제강점기인 1930년에 3층 규모로 완공된 미쿠니아파트이다. 미쿠니아파트는 경성 미쿠니상사의 관사였는데, 관사가 아닌 최초의 아파트는 1932년에 준공된 충정아파트(유림아파트)이며 현재까지 남아 있다. 해방 이후 최초의 아파트는 중앙산업이 사원 주택용으로 1956년에 지은 중앙아파트이다. 1962년에는 서울 마포에 단지 형태의 아파트인 마포아파트가 건설되기도 했다. 이후 아파트는 대단지화, 고층화의 형태로 나아간다. 우리나라 최초의 고층 아파트는 1971년에 건설된 서울 여의도 시범아파트인데, 고층이라고 하지만 12~13층 정도에 불과한 높이였다. 본격적인 고층 아파트는 1980년대 중반 이후부터 1990년대 초반에 지어졌다. 이 시기에 서울 올림픽선수촌아파트를 비롯하여 1기 신도시에 25층 내외의 아파트가 건설되었다. 이후 아파트의 고층화는 더욱 심화되어 수십 층에 이르는 초고층 아파트가 속속 건설되었다. 초고층화된 아파트는 욕망의 바벨탑처럼 위태롭게 공중을 가르고 있다. 그것은 닿을 수 없는 욕망의 높이가 되어 우리 삶의 비극이 되어가는지도 모를 일이다.

V
서울,
그리고
또 다른 도시 이야기

신도시,
서울을 둘러싼
새로운 욕망과
계급

아파트가 주거의 보편적 공간이 된 것이 신도시 건설 때문은 아니지만, 신도시 건설 이후에 도시 규모의 대규모 아파트 단지가 확대되었다. 신도시 건설은 기존 도시 안에 소규모 아파트 단지를 건설하던 양상에서 벗어나 도시 규모의 아파트 단지를 조성하는 것이라는 점에서 기존의 아파트 건설과 달랐다. 전체가 거대한 아파트로 이루어진 도시는 우리 삶에 새로운 패러다임을 가져오며 도시의 모습을 바꾸었다. 그런데 신도시는 기존의 구도심과 분리되어 개발되었을 뿐만 아니라 서울의 베드타운으로 건설됨으로써 서울에 종속된 모습을 지니게 되었다. 또한 구도심을 타자화함으로써 신도시는 계급화되는 양상을 띠기도 한다. 신도시와 아파트는 복합적인 관계 속에서 때로는 욕망을 드러내기도 하고 계급을 노골화하기도 한다.

근대 이후, 우리가 사는 공간, 그중에서도 아파트 위주의 생활공간이 확대된 것은 우리에게 어떤 의미인가? 보통 공간은 물리적인 영역이나 장소를 의미하지만 공간 속에 우리의 삶이 결합될 때, 그것은 단순히 물리적인 지점을 넘어 우리의 삶과 세계를 담은 하나의 상징이 되어 다가온다. 주택은 우리가 먹고, 자고, 쉬는 삶의 공간이지만 이런 일반적인 뜻 이외의 의미를 지니고 있기도 하다. 도시 역시 마찬가지다. 도시는 특정 지역을 가리키는 장소성을 넘어 상징화된 근대적 세계의 속성을 드러내는 경우가 많다.

그렇다면 우리가 삶을 이어가는 주택이나 도시는 단순한 공간을 넘어 어떤 의미를 가지고 있는 것일까? 근대 공간이 지니고 있는 의미는 여러 가지가 있겠지만 그중 우리의 삶과 관계를 맺는 공간은 욕망의 상징인 경우가 많다. 집이 욕망을 나타낸다는 점은 널리 알려진 사실이다. 그리고 집은 하나의 군(群)을 이루며 욕망의 집합체인 동네가 되기도 하고 도시가 되기도 한다. 주거 공간으로서의 집이 욕망을 상징하며 탐욕의 대상이 된 것은 근대적 세계와 연관이 있다. 근대 이후의 공간은 더 이상 단순한 주거지의 지위에 머물지 않는다. 그것은 욕망 그 자체이며 물질적, 금전적 가치 자체가 되어버렸다.

집이 단순한 주거 공간의 지위를 벗어나 욕망 자체가 된 것은 80년대 이후 아파트를 위주로 한 주택개발사업과 깊은 관련이 있다. 아파트를 중심으로 개발된 도시는 깨끗하고 쾌적하며 편리한 생활 기반 시설을 갖추고 있다. 편리하고 쾌적한 도시가 갖춘 생활 기반 시설은 그것의 편의성에 비례하여 우리가 사는 공간에 물질적 가치를 부여한다. 아파트는 대체적으로 그런 편의 시설 인근에 건설되기 마련이다. 개발의 중심이 된 도시 공간은 다른 지역에 비해 상대적으로 높은 가치를 부여받는다. 아파트와 도시의 이러한 특징은 돈이라는 욕망으로 교환 가능한 것이다. 특히 아파트는 획일화된 면적과 구조를 통해 더 쉽게 가격이 매겨지는 특성을 갖는다.

도시의 편의 시설과 접근성 그리고 계량화된 아파트의 구조와 면적은 상대적인 비교가 가능하다는 점에서 화폐와 같은 기능을 하게 된다. 아파트가 지하철역과 얼마나 가까운지, 스타벅스나 영화관이 근처에 있는지 등등 집을 욕망의 가치로 계량화할 수 있는 것들은 도처에 널려 있다. 편의 시설이 완비된 지역과 그렇지 않은 지역의 차이는 곧바로 집값의 차이가 된다. 특히 정형화된 구조와 면적을 지닌 아파트는 계량할 수 있는 순금의 가치처럼 비교 가능한 욕망이 되기에 이른다. 집은 이제 더 이상 독립적인 개성과 특징을 지닌 공간이 아니다. 아파트라는 형태로 계량화된 집은 도시의 편의 시설과 결합하여 물질적 판단 기준의 근거가 된다. 그리하여 이렇게 계량화된 가치는 더 값비싼 아파트를 소유하고 싶은 욕망이 되기에 이른다. 더 나아가 이러한 집과 도시는 욕망 그 자체가 되어 버리기도 한다.

집과 도시가 욕망을 극대화시켜 드러내기 시작한 것은 1980년대 강남 지역의 아파트 건설과 연관을 맺고 있다. 그리고 서울을 비롯한 대도시 지역의 아파트 건설이 여러 지역의 도시로 확장되며 전국은 욕망으로 가득한 비극적 공간이 되어버렸다. 이러한 욕망의 확대 한가운데 1기 신도시 개발이 있다. 1기 신도시 이전에도 아파트는 익숙한 삶의 정주 공간이었지만 도시 규모에 이르는 대규모 개발 사업은 아파트가 우리 삶의 중심이 되는 데 많은 영향을 미쳤다. 이때부터 아파트는 단지 규모에서 도시 규모의 사업으로 확대되었다. 이후에 우리나라는 수많은 신도시급 아파트 단지가 건설됨으로써 전 국토의 아파트 도시화가 진행되기에 이르렀다. 이제 아파트를 우리 삶에서 떼어놓고 생각하는 것은 쉽지 않다. 그리고 이런 욕망의 한가운데에는 끊임없이 타자를 배제하고 특정 집단을 계급화하려는 생각이 담겨 있다.

서울은 서울이 아닌 곳과 차별화된 지위를 갖고 싶어 하고, 수도권은 지방*과의 차이를 드러내고 싶어 한다. 뿐만 아니라 특정 브랜드의 아파트는 그야말로 어느 아파트 브랜드의 이름처럼 캐슬(castle)이 되어 자신들만의 특별함을 갖고 싶어 한다. 근대도시는 이처럼 특정한 공간이나 지역에 의미를 부여함으로써 타자를 배제하고 자신들을 계급화하려고 한다. 신도시 역시 마찬가지여서 같은 행정구역임에도 불구하고 신도시 이외 지역을 타자화하여 배제하려고 한다. 신도시는 마치 계급처럼 타자를 배제하며 신도시 공

---

*'수도권'이나 '지방' 역시 서울 중심적인 사고가 만들어낸 단어이다. '수도권'은 서울 중심의 권역이라는 의미에서, '지방'은 중앙의 반대 개념으로서 차별 의식이 있는 단어라는 점에서 그렇다.

동체를 형성한다. 신도시 공동체는 내부자끼리의 정서적 유대가 긴밀하지 않다. 단지 계급화된 신도시의 구성원으로 맺어진 관계에 불과한 것이다. 물론 이러한 특징이 모든 신도시 구성원에게 해당하는 것은 아니다. 하지만 신도시가 지니고 있는 전반적인 특성임에는 분명하다.

신도시에 살고 있는 이들에게 어느 곳에 살고 있냐는 질문을 하면 대부분의 사람들은 신도시가 속한 도시 이름을 말하지 않는다. 성남이 아니라 분당에 산다고 대답하며, 고양이 아니라 일산, 안양이 아닌 평촌, 군포가 아닌 산본, 부천이 아닌 중동에 산다고 말하는 경우가 많다. 이러한 특성을 일반화할 수는 없겠지만 여기에는 기존 행정구역과 차별화되고 싶어 하는 심리가 숨어 있음을 부인할 수 없다. 분당, 일산, 평촌, 산본, 중동신도시는 애초에 지역 원주민을 위한 도시 개발 사업이 아니었다. 서울의 주택난을 해소하기 위해 건설한 것이 바로 1기 신도시이다. 당연히 신도시 입지는 서울 진입이 용이한 지역 위주로 정해졌으며, 실제로 입주민의 상당수는 서울 지역 주민들이었다. 이런 가운데 신도시는 신도시가 속해 있는 기존 도시와 다른 이미지를 구축하여 독립된 세계 속에 놓이고 싶어 했다. 실제로 기존 도시와 분리되고 싶은 욕망이 행동에 옮겨진 적이 있기도 하다. 한 신도시 주민들은 신도시를 기존 도시와 분리하여 독립된 행정구역상의 도시로 만들고자 한 적도 있다. 거기에 더하여 인근 도시 주민들이 교통체증을 유발한다며 신도시 도로를 이용하지 못하도록 도로를 폐쇄한 적이 있기도 하다.

신도시의 욕망은 '중앙'인 서울을 향한다. 서울의 베드타운으로 개발된 도시인만큼 신도시는 서울을 지향할 뿐만 아니라 확장된 서울이 되고자 한다. 그런데 생각해보면 서울의 변방으로서의 특성은 신도시뿐만 아니라 위성도시에도 유사하게 나타난다. 그런 점에서 신도시와 위성도시의 운명은 비슷하다. 서울 인근의 도시는 자체적인 문화와 경제 기반을 갖지 못한 채 서울의 공장 역할이나 저렴한 주거지 역할을 해왔다. '위성도시'라는 말은 얼마나 슬픈 단어인가. 이 말을 들을 때면 이곳에서의 삶은 결코 중앙이 될 수 없을 것처럼 느껴진다. 서울의 변방에서 위성처럼 떠도는 도시. '위성도시'라는 말은 지극히 서울 중심적인 사고의 산물이며 서울 이외의 지역을 타자화하여 배제하는 표현이다.

　　그런 점에서 '서울외곽순환고속도로'라는 명칭 역시 서울 중심적인 사고의 나쁜 사례이다. 최근 들어 '수도권제1순환고속도로'로 명칭이 바뀌기는 했지만, '서울외곽순환고속도로'라는 명칭은 이 도로가 지나가는 성남, 안양, 군포, 부천, 시흥, 인천, 김포, 고양, 의정부, 구리, 남양주, 하남 등의 도시를 서울의 외곽이라고 규정짓는 것만 같다. 하지만 '수도권제1순환고속도로'의 수도권이라는 말 역시 서울을 중심으로 한 표현이라는 점에서 기존 명칭의 문제점이 완전히 사라졌다고 볼 수 없다. 서울의 외곽을 순환하는 도로라니……. 오래전, 이 말을 들을 때마다 변방에 살고 있는 변방의 삶인 듯싶어 쓸쓸해지던 기억이 난다.

성남,

　슬픈 이주의

　역사와

　새로운 계급의

　영토

　　우리의 욕망은 경제적, 사회적으로 자신과 다른 이들을 타자화시키는 방법으로 차별을 만든다. 그동안 서울의 도시 개발 역시 그런 방향으로 전개되었다. 경제적, 사회적으로 열악한 환경에 놓인 이들의 삶을 개선하는 방법이 아니라 공동체의 외부로 내쫓는 방식인 경우가 많았다. 그런데 이러한 차별은 경제적, 사회적 차이가 거의 없는 집단 내부에서 일어나기도 한다. 같은 중산층 내에서도 집값이나 주거 환경 등의 차이가 생기는 경우에, 상대 집단을 타자화하여 자신이 속한 집단의 이익을 극대화하기도 한다. 성남은 이와 같은, 배타적 타자화의 과정을 통해 만들어진 도시이다.

　　성남시의 역사는 1971년에 일어난 광주대단지 사건으로부터

1971년 8월 10일 발생한 광주대단지 사건. 오른편에 봉기를 진압하러 가는 경찰기동대 대원들의 모습이 보인다. 서울역사박물관.

시작된다. (당시 경기도 광주에 속해 있던) 지금의 성남시에 서울의 도시 빈민들을 이주시키기 위해 조성한 택지가 바로 광주대단지이다. 1960년대 후반, 서울시는 인구가 400만 명에 육박하자 시민아파트를 짓는 한편 도시 빈민가를 정비하는 도시정비사업을 벌인다. 이때 서울 곳곳에 거주하던 도시 빈민들을 서울 외곽으로 이주시키게 되는데, 이렇게 만들어진 것이 오늘날의 성남시이다. 그러나 토지를 불하받아 살 수 있도록 해준다는 말을 믿고 이주한 이들 앞에 펼쳐진 것은 드문드문 천막이 세워진 것이 전부인 허허벌판이었다. 당시 광주대단지는 기본적인 상하수도 시설은 물론이고 화장실조차 제대로 갖춰져 있지 않았다. 또한 대중교통 시설도 열악하여 출퇴근조차 막막한 상황이었다. 15만 명이 넘는 이주민들을 사실상 방치한 것이나 다름없는 상황이었다. 초기 이주민의 상당수가 천막이나 움막에 살 수밖에 없었다.

그러던 중 광주대단지 사건이 터지게 된다. 정부가 싼값에 불하하겠다던 토지를 엄청난 차익을 붙여 이주민들에게 분양한 것이다. 심지어 처음 약속과 다르게 거치 기간도 없이 한꺼번에 토지 대금을 납부하라고 했는데, 그 금액은 도시 빈민이었던 이들이 부담하기에 어려울 정도로 컸다. 거기에 더하여 각종 세금까지 내라는 독촉이 이어졌고, 이내 민심이 폭발하고 만다. 시위는 불길처럼 번졌고 정부는 경찰기동대까지 동원하여 진압에 나서게 된다. 시위대는 차량을 탈취하여 서울로 향하기도 했는데, 그나마 다행인 것은 유혈 진압으로까지 이어지지 않고 협상으로 사건이 해결되었다는 점이다. 정부는 즉각 협상에 나서 주민들의 요구 조건을 수용하고 사과했으며 당시 서울시장이었던 양택식은 광주대단지를 성남시로 승격하겠다는 약속을 하게 된다.

사실 서울시의 도시 빈민 이주 정책은 이들을 서울에서 내쫓기 위한 것이었다. 그런 점에서 성남시의 역사는 내몰림이라는 슬픈 역사를 지니고 있다. 당시 일부 이주민은 광주대단지로 쫓겨 오며 다시는 서울로 이사하지 않겠다는 각서까지 썼다고 하니 씁쓸함을 넘어서는 감정이 든다. 윤흥길 작가의 「아홉 켤레의 구두로 남은 사내」는 당시 광주대단지 사건의 모습을 실감 나게 그린 작품이다. 굶주린 시위대가 참외 트럭을 습격하여 순식간에 먹어 치웠다는 일화도 소설 속에 잘 나와 있다. 이외에도 많은 문학작품 속에 광주대단지 사건이 등장한다.

우리나라의 도시 건설과 경제 개발은 가진 자가 그렇지 못한 자를 끊임없이 몰아내는 양상으로 진행되었다. 원주민들은 내몰리듯 정든 고향을 떠나야 했고, 빈민들은 도시의 외곽에서 다시 외곽으로 쫓겨나야 했다. 이런 이주 정책은 이외에도 많다. 서울올림픽에 즈음하여서는 철거가 더욱 광범위하게 이루어졌다. 공항과 선수단의 이동 경로 그리고 경기장 인근에 이르기까지, 단지 도시 미관을 해치고 국가의 격을 떨어뜨린다는 이유만으로 누군가는 삶의 터전에서 쫓겨나야만 했다. 올림픽 때문이 아니어도 서울 곳곳에서 무자비한 철거가 자행되던 시기였다. 도시 빈민들은 도시의 변두리에서 또 다른 변두리로 끊임없이 떠돌 수밖에 없었다. 뿐만 아니라 노동자의 피와 땀을 바탕으로 이룬 경제 개발이었지만 부의 분배역시 제대로 이루어지지 않았다.

슬픈 이주로 시작된 성남의 역사는 분당신도시와 판교신도시가 들어서며 또다시 논란에 휩싸이기도 했다. 분당의 시 독립 요구와 판교의 구 독립 요구가 바로 그것이다. 분당신도시와 판교신도시의 독립 문제는 아직도 진행형이기 때문에 지금 이 자리에서 이야기하는 것은 쉽지 않을 듯싶다. 하지만 분당신도시와 판교신도시의 독립에 경제적 이해관계가 얽혀 있는 것만은 분명하다. 물론 그것이 문제의 전부가 아닐 수 있다. 하지만 씁쓸한 뒷맛이 느껴지는건 왜일까?

성남이 간직하고 있는 이주의 역사는 우리 근대사의 폭력이 만든 슬픔의 역사이다. 그것은 배타적 이기주의와 근대사회의 욕망이 뒤범벅된 우리 모두의 슬픈 모습이다. 소외와 배척의 역사로 시작된 도시. 지금 과거의 흔적을 찾기는 쉽지 않지만 서울이 애써 외면하려 했던 이들의 공동체가 바로 성남의 출발이었던 것이다. 하지만 그것이 어디 성남만의 문제겠는가. 오늘날 욕망이 극대화된 배타적 이기주의는 도처에 널려 있다. 그런 상황 속에서 우리는 피해자일 수도, 가해자일 수도 있다. 그리하여 그것은 우리 모두가 지금 겪고 있는, 현재진행형의 문제인 것이다.

광명,
　기형도 시인을
　따라 읽는
　위성도시의 슬픔

　　기형도 시인의 시에는 산업화 시대의 위성도시 광명과 그곳의
삶이 잘 드러나 있다. 기형도 시인의 1985년 〈동아일보 신춘문예〉
당선작 「안개」는 아침저녁으로 자욱이 끼는 안양천 안개의 풍경으
로부터 시작된다. 1970-80년대 광명시 안양천 인근은 지방에서 올
라온 이주민과 철거민들이 고단한 삶의 거처를 마련한 곳이었다. 얼
기설기 덧대고 이어 지은 판잣집이 즐비한 안양천변의 삶의 모습은
무척이나 신산스러운 것이었다. 「안개」는 바로 그러한 삶의 풍경을
가감 없이 보여주며 산업화 시대의 슬픔을 우리 앞에 펼쳐 놓는다.
　　기형도 시에 나타난 근대적 세계는 도시화를 향해 가는, 비극
적 산업화의 공간이다. 위성도시 광명은 1960-70년대까지 근대적

도시의 면모를 제대로 갖추지 못한 곳이었다. 도시 기반 시설이 미흡했을 뿐만 아니라 고유의 문화적 환경 역시 형성되지 않았다. 도시는 단순히 산업 시설이 들어선다고 해서 만들어지는 공간이 아니다. 도시는 산업화 이후 대량 생산과 소비가 가능한 곳이어야 하며, 산업 시설 이외의 근대적 도시 기반 시설과 문화적 환경 역시 갖춰야 한다. 그런 이후에 비로소 도시는 탄생한다. 그런 점에서 당시 광명을 비롯한 위성도시는 제대로 된 도시의 형태를 갖춘 곳이 아니었다. 그저 산업화의 가운데 공장이 들어서기 급급했고 인구가 급증했다.

해방 이후 한국 사회는 산업화의 기틀을 다지고자 많은 노력을 기울었다. 노동자의 희생을 담보로 한 산업화는 1970년대를 전후로 한 시기에 집중적으로 나타났다. 그리고 이러한 근대적 산업화의 과정을 통해 도시화의 단계로 진입하게 되는 기틀을 만들었다. 한국 사회는 1970년대의 산업화를 기반으로 하여 1980년대 중반 이후 도시의 기반을 갖춰 나가기 시작했다.

그런데 위성도시에 산업화의 광풍이 불어왔지만, 산업화 초기 위성도시에는 농경 지역의 특성이 여전히 나타났다. 광명 역시 예외가 아니었다. 광명은 인근 안양과 마찬가지로 포도 농사가 성행하던 곳이었다. 넓지 않은 도심 바로 옆에는 여지없이 (기형도의 시에도 여러 차례 등장하는) 포도밭을 비롯한 농경지가 자리 잡고 있었다. 오히려 도시와 산업 시설보다 농경지의 면적이 넓었다. 하지만 상당수의 주민들은 공장을 비롯한 도시 관련 직종에 종사했으며 서울로 출퇴근하는 사람들 역시 많았다. 여전히 농경지가 많기는 했지만 도심과 산업 지역은 빠르게 확대되기 시작했고 중심 지역을 형성하며 도시를 장악했다. 광명은 농촌 지역과 함께 불완전한 도시지역이 혼재된 곳이었다.

대도시 서울의 주변부에 자리한 위성도시들이 그렇듯 광명 역시 서울에서 밀려난 공장 등이 자리 잡으며 성장한 도시다. 인근 도시인 안양보다 덜하기는 하지만 1973년 준공된 기아자동차 소하리공장 등을 비롯해 서울에 자리 잡기 힘든 시설이 들어섰다. 광명 인근 서울 구로구에 구로공단이 있었지만 1964년에 구로공단이 조성될 때만 하더라도 그곳은 경기도에 가까운 서울의 외곽이었다. 따라서 서울에 조성된 공단이라기보다 서울의 제일 외곽으로 쫓겨나듯 자리하게 된 공장 지대라는 편이 맞다. 그런 점에서 구로공단역시 위성도시에 조성한 공단과 마찬가지로 대도시 서울로부터 배척당한 곳이라고 볼 수 있다. 구로공단으로 출퇴근하는 이들은 광명을 비롯한 인근 경기도 지역에 거주하는 경우가 많았다. 기형도의 시 「안개」는 도시 빈민들의 거주지와 공단을 배경으로 한 1970년 전후의 광명을 조망하고 있다.

「안개」는 광명시의 안양천 인근 마을의 풍경을 담고 있는 시이다. 시인은 산업화 속에 황폐한 삶을 이어가는 사람들의 풍경을 '안개'가 낀 풍경을 통해 상징적으로 드러낸다. 안양천에 안개가 끼고, 그 속으로 사라지는 삶의 모습은 미래를 알 수 없는 두려움이자 현재의 불행이다. 공장이 들어선 안개의 마을은 온갖 불행으로 가득하다. 여직공이 겁탈당하고 취객이 방죽 위에서 얼어 죽지만, 사소한 사건으로 치부되는 상황은 을씨년스럽기만 하다. 그리고 불행의 바깥에 있는 이들은 나와 상관없는 사건에 무감각하거나 애써 외면하려고 한다. 불행은 그저 개인적인 일일 뿐이라는 시인의 반어적 언어는 비극의 단면을 잘 보여준다. 그리고 이러한 비극적 세계를 못 견뎌 하는 사람들이 있지만, 이런 세계 속에서 그들을 기억하고 주목하는 이가 없다고 시인은 말한다. 우리는 모두 '안개'의 공모자이며 동시에 피해자이기도 하다. 그리하여 시인은 우리들의 삶이 비극적 산업화의 굴레를 벗어날 수 없음을 말하고 있다.

산업화는 필연적으로 다양한 사회문제를 야기한다. 부의 재분배와 같은 사회구조적 문제부터 환경오염에 이르기까지 다양한 문제점을 드러낸다. 또한 산업화로 인하여 마을 공동체가 파괴되고 근대적 일상의 부조리함이 우리의 삶과 세계를 지배하기에 이른다. 「안개」에 나타난 삶의 양상 역시 다르지 않다. 「안개」는 광명을 관통하여 흐르는 안양천변을 따라 출근하는 여공들의 모습과 아이들, 서로를 경계하며 사는 이들의 모습을 담담하게 보여준다. 어린 나이에 고향을 떠난 여공은 가족에 대한 헌신이라는 명목 앞에서 개인의 희생을 강요당했을지도 모를 일이다. 그런 그녀에게 불행이 닥치지만 그것에 관심을 기울이는 사람은 없다. 이곳에 더 이상 공동체 의식은 존재하지 않는다. 산업화의 과정 중에 나타나는 공동체의 해체는 우리의 삶을 비극이라는 나락으로 떨어뜨리며 더욱 공고해지기 마련이다. 또한 시는 공장 굴뚝을 총신에 빗대어 표현함으로써 산업화의 폭력적 비극을 극명하게 드러낸다. 그리고 근대의 비극을 견디지 못한 자들은 사람들의 기억에서 쉽게 잊힌다. 그리하여 모든 불행이 되풀이되듯 아이들은 자라 공장으로 간다.

기형도의 시는 1960년대 산업화 초기의 모습부터 1970년대의 본격적인 산업화의 모습을 주된 시적 소재로 사용하고 있다. 이 시기는 기형도의 시적 정서에 많은 영향을 미치게 되고, 시집에도 이 시기가 주된 배경으로 등장한다. 도시화는 산업화의 시간과 과정을 겪은 후에 마련된, 도시 공간 속에서 일어나는 현상을 바탕으로 한다. 이에 반하여 산업화는 도시화를 향해 나아가는 과정을 의미한다. 따라서 기형도의 시는 공간 개념인 도시화보다는 비공간적인 산업화의 개념으로 파악하는 것이 적합하다. 따라서 기형도의 시에는 완성된 공간으로서의 도시 정서보다는 산업화가 진행되는 과정 속에 나타나는 부조리한 삶과 세계의 모습이 주된 것으로 나타난다.

산업화와 도시화는 비극적 삶의 상징으로 인식되는 경우가 많다. 산업화를 거쳐 구축된 도시의 비극적 삶은 근대성이라는 개념으로 비극적 총체성을 드러낸다. 그리고 이러한 근대성의 비극은 근대적 일상의 비극이 무너지지 않는 것처럼 완강하다. 따라서 근대성의 비극은 결코 사라질 수 없는 견고함으로 다가오는데, 바로 여기에 (도시의 비극성을 결코 벗어날 수 없는) 우리 삶의 진정한 비극이 있는 것이다. 이와 같은 "현대 도시 공간의 흉측한 팽창은 바로 인간관계의 단절, 즉 근접성 맥락의 위기"*로 나타나게 된다.

기형도의 시에 나타나는 삶의 모습은 주로 가난이다. 아버지의 모습 역시 가난하고 무기력한 모습으로 등장하는데, 「위험한 가계·1969」와 「너무 큰 등받이의자」에 등장하는 아버지의 모습 역시 그러하다. 시인은 「너무 큰 등받이의자」에서 아버지를 '가난한 아버지'라고 직접적으로 호명하고 있기도 하다. 실제로 기형도의 아버지는 한국전쟁의 와중에 월남하여 연평도를 거쳐 경기도 광명에 자리 잡은 인물이다. 기형도 일가의 삶은 도시로 이주한 여느 도시 빈민의 모습과 다르지 않았다. 기형도 시에 드러나는 가족사와 시인의 유년기 모습은 「너무 큰 등받이의자」에 나온 '가난한 아버지'의 삶을 중심으로 펼쳐지며, 변두리 삶을 통해 지방에서 이주한 이들의 가난을 상징적으로 보여준다.

기형도는 산업화의 일원으로 편입되어 삶을 영위하는 이주민의 삶을 제시함으로써, 1960-70년대 산업화에 드리운 비극적 정서를 드러낸다. 지금도 그렇지만 당시 한국 사회는 경제, 외교, 문화 등 대부분의 분야가 거의 전적으로 서울을 중심으로 이루어졌다. 이와 같은 기형적인 사회구조 속에서 위성도시는 자생적인 기능을 상실한 채, 서울에 예속된 변두리 지역으로 전락하고 말았다. 기형도 시에 나타난 고단한 삶의 풍경은 이러한 구조적 문제를 기반으로 한 것이다. 이런 공간 속에서 살아가는 사람들의 삶은 고단하며, 희망조차 없는 불안정한 것일 수밖에 없다.

---

* 김성도, 『도시 인간학』, 안그라픽스, 2014, 100쪽.

그런데 우리는 이 시점에서 '교외'에 대한 개념을 검토할 필요가 있다. 기형도 시의 배경이 대도시 서울과 농촌의 중간 지역인 위성도시 광명을 무대로 삼고 있기 때문이다. 교외에 대한 개념을 파악했을 때라야 기형도 시의 공간적 배경이 지니는 의미를 파악할 수 있게 된다. 교외는 대도시를 중심으로 탄생한다. 이때 교외는 우리가 흔히 알고 있는 '도심 외곽의 한적한 자연'이 아니다. 마크 고트디너와 레슬리 버드는 "교외(suburb)는 도시도 농촌도 아니며 그 중간에 있는 정주지의 물리적 형태를 의미"*한다고 주장한다. 그것은 도시의 주변부에 위치한 확장된 도시 개념이다. 그런 점에서 광명, 안양, 성남, 부천, 군포, 의정부, 구리 등과 같은 위성도시는 근대 한국 사회에서 교외의 지위를 갖는다. 기형도의 시는 바로 이와 같은, 교외의 특성을 지니고 있는 위성도시 광명을 중심으로 전개된다.

교외인 위성도시에서의 삶은 대체적으로 가난하고 고단하다. 중심부인 대도시로 진입하지 못한 채, 산업화의 그늘 아래에서 가난한 삶을 영위한다. 위성도시 거주민의 삶 모두를 이렇게 재단할 수는 없겠지만, 고향을 떠나온 자들의 가난한 삶이 산업화 시기 위성도시의 전반적인 삶의 모습이었다는 점만은 분명하다. 「겨울, 우리들의 도시」에서 말한 것처럼, 그들은 무엇 하나 제대로 가진 것이 없으며, 언제나 주린 얼굴로 세상을 만나는 존재였다. 기형도 시에 나타난 것처럼 1960-70년대 위성도시에서의 삶은 결핍과 소외, 가

---

*마크 고트디너·레슬리 버드, 남영호·채윤하 옮김, 『도시 연구의 주요 개념』, 라움, 2013, 245쪽.

난 등의 양상을 지니고 있다.

그런데 위성도시는 도시의 외곽에 형성되는 불모의 삶을 상정하면서도 언제나 대도시를 중심으로 한 도시 구조와 긴밀하게 연결된다. 대도시권을 결코 벗어날 수 없으며, 대도시의 삶을 선망의 대상으로 삼기도 한다. 위성도시에서의 삶은 대도시의 삶과 같지 않지만 언제나 대도시와 연결되어, 대도시를 위해 복무하기 때문이다.

"정주 공간의 형태로서 다중심 대도시권을 살펴보면, 대개 교외라고 하는 지역들은 사실 상당히 다양하고 다기능적이며 여러 방식으로 도시에 연결되어"* 있다. 이때 교외는 앞서 이야기한 것처럼 우리가 일반적으로 흔히 사용하는 전원의 의미를 지니지 않는다. 마크 고트디너와 레슬리 버드가 말한 교외는 광명과 같은 위성도시를 의미하는 것이다. "많은 화이트칼라와 하이테크 산업이 선호하는 입지 장소는 중심 도시에 인접하면서도 그 외곽에 있는"** 교외이며, 제조업 역시 "교외에 입주한다"***. 한국의 위성도시의 경우, 서울과 멀지 않은 수도권 지역에 반도체 공단이 건설되었으며, 상당수의 산업체가 서울의 변두리 지역이나 서울 외곽의 위성도시에 들어섰다. 기형도의 시에 등장하는 산업화의 공간적 배경 역시 대도시와 인접한 위성도시 광명이다. 기형도의 시는 이러한 공간적 배경을 통해 당대의 부조리한 현실과 결핍의 정서를 호명하고자 했던

---

* 위의 책, 같은 쪽.
** 위의 책, 같은 쪽.
*** 위의 책, 같은 쪽.

것이다. 그럼으로써 소외와 결핍으로서의 한국 사회에서의 교외의 지위는 명확하게 드러난다.

산업화는 필연적으로 지역과 지역, 국가와 국가 사이의 이주를 동반하며 진행된다. 삶의 거처를 옮기는 이주의 특성은 근대화 과정에서 보편적으로 나타나는 현상이다. 이때 이주는 농촌에서 도시로, 저소득 지역에서 고소득 지역으로, 후진국에서 선진국으로 이루어진다. 한국 사회의 근대화 역시 도시로의 이주를 동반하며 나타났다. 이와 같은 이주의 문제는 가족 공동체의 문제 전체로 확대되는 것이 일반적이다. 따라서 "농촌에서 도시지역으로의 이주, 또 개발도상국에서 선진국으로의 이민을 연구하는 사람들에게, 분석의 기본 단위는 한 명의 개인이 아니라 가구나 가족"*이다. 가구나 가족의 이주가 한 번에 이루어지지 않는 경우에도, 결국에는 이주는 가구와 가족의 단위로 완성되는 경우가 많다. "이민과 이주에서, 여성이든 남성이든 한 가구의 가장이 먼저 도착하더라도, 공간적 이동은 결국 가족의 문제가 되기 때문"**이다.

물론 이와 같은 가구와 가족 단위의 이주 이외의 이주도 존재한다. 이주는 가구와 가족이 아니라 개인 단위로 이루어지기도 한다. 이 경우에도 이주의 방향성은 농촌에서 도시로, 후진국에서 선진국으로 향한다. 개인 단위의 이주는 어리거나 젊은 세대가 도시나 선진국으로 이주하여 취업을 하는 경우가 많은데, 이때에도 가

---

*위의 책, 113쪽.
**위의 책, 같은 쪽.

족의 부양이라는 문제는 동일하게 작용한다. 즉, 가구와 가족 전체의 이주는 아니지만 개인의 이주 역시 가구와 가족의 생존과 밀접한 연관을 맺게 된다. 근대사회에서 도시와 선진국으로 삶의 거처를 옮긴다는 것은 경제적 요인이 중요한 이유로 자리한다.

기형도 시에 나타나는 이주의 형태 역시 근대사회에서 나타나는 모습과 다르지 않다. 다만 이주라는 '사건'이 시에 직접 등장하기보다 이주 이후의 삶을 제시하는 방향으로 이야기를 전개한다. 따라서 이주 자체가 기형도 시의 주요한 소재는 아니다. 하지만 기형도 시가 나타내는 정서가 이주 이후의 고단한 삶을 근간으로 한다는 점에서 이주의 경험은 기형도 시의 중요한 축을 담당한다. 기형도의 시가 바탕으로 하고 있는 이주의 양상은 크게 두 가지로 구분할 수 있는데, 그것은 보편적인 도시 이주의 형태와 일치한다. 첫 번째는 시인 자신이 포함된 가족의 이주 이후의 삶을 시적 배경으로 한다는 점이다. 기형도 시에 등장하는 주요한 서사는 가족의 이주 이후의 가난한 삶을 중심으로 한다. 두 번째는 시인이 거주하던 위성도시에서 마주했던 젊은 계층의 단독 이주의 양상이 시에 나타난다는 점이다.

「위험한 가계·1969」는 시인의 경험과 생애를 통해 시적 서사를 전개한다. 기형도의 가족은 시인의 아버지가 북한의 황해도에서 연평도로 이주한 이후 또 다시 광명으로 이주하여 정착한다. 첫 번째 이주가 한국전쟁이라는 불가항력적인 상황 때문이었다면, 광명으로의 두 번째 이주는 산업화, 도시화의 과정에 흔히 나타나는 도시로의 이주이다. 「위험한 가계·1969」 전반을 지배하고 있는 삶의 사연은 더 나은 삶을 위해 연평도에서 광명으로 이주한 이후의 모습이다. 또한 「안개」에서는 가족의 이주와는 다른 양상의 이주가 나타난다. 이 시에 등장하는 여직공은 취업을 위해 도시로 상경한 개인 단위의 이주민이다. 고향에서 홀로 이주하여 공장 기숙사에 거주하고 있는 경우이다. 기형도 시에 나타난 가족 단위의 이주와 개인 단위의 이주는 모두 농촌에서 도시로 이동하는 이주의 공식에 부합한다. 이때 가족 전체가 삶의 거처를 옮기는 경우나 개인 단위로 이주하는 경우 모두 가난 등과 같은 결핍이 원인인 경우가 많다.

그러나 산업화의 가운데 이주를 실행한다고 해도, 그 속에서 삶의 거처를 정하여 정주하는 것은 쉽지 않다. 근대 이후의 삶은 외적으로 정주의 양상을 띠지만, 마음 붙일 곳 없는 현대인들의 삶은 정주할 수 없는 디아스포라의 성격을 지니고 있다. 기형도 시에 등장하는 인물들 역시 근대 이후의 산업화 속에서 고향을 상실한 채 도시를 떠돈다. 고향을 떠나 산업화가 진행되는 위성도시로 흘러들었지만 그곳은 그들이 정주할 수 있는 공간이 아니다. 근대적 도시 공간으로의 이주는 본질적인 정주의 의미와 반대되는 특성을 지니고 있기 때문이다. 근대성의 세계 속에서 마음의 거처인 '고향'은 상실된 지 오래이다. 이런 세계 속에서 우리는 노마드를 꿈꾸지만 우리가 실제 맞닥뜨리는 것은 디아스포라이다.

우리의 삶은 어느 곳으로 흘러가는 것일까? 우리에게 정주할 고향은 과연 있는 것일까? 기형도의 시를 읽으면 이런 질문들이 떠

오른다. 기형도의 시에는 산업화 시대에 고향을 잃고 떠도는 이들이 등장한다. 그리고 그들의 모습을 통해 정처 없이 떠도는 현대인의 디아스포라를 보여준다. 위성도시 광명은 이러한 비극적 디아스포라의 특성이 나타나는 공간이다. 기형도 시에 여러 차례 등장하는 사내는 고향을 떠나온 이들과 근대 이후의 디아스포라를 표상하는 인물이다. 그리고 동시에 그는 우리가 잃어버린 노마드와 이상향을 떠올리게 하는 존재이다. 사내는 잠시 머물다 이내 떠나는 존재이기에 그의 실체는 끝끝내 밝혀지지 않는다.

근대 세계를 떠도는 우리들은 사내와 다를 바 없는 존재들이다. 사내가 그저 일꾼이라 불렸던 것처럼 근대 세계 속의 우리는 익명으로만 존재한다. 또한 사내가 신기루처럼 사라진 것처럼, 근대적 세계 속의 우리는 실존으로 남을 수 없다. 기형도의 시가 비극성을 드러내는 것은 여러 가지 이유가 있지만 바로 이와 같은, 정주할수 없는 비극적 삶이 바탕에 깔려 있기 때문이다. 기형도 시의 배경인 광명은 이러한 근대성의 비극을 기억하고 있는 도시이다. 오늘날 예전의 흔적을 찾기는 쉽지 않지만 기형도의 시를 따라가다 보면 어느덧 근대화의 비극과 마주할 수 있게 된다.

안양,
소외와 차별의
디스토피아와 검은
안양천

안양은 수도권 위성도시 가운데 대표적인 공업도시이다. 또한 행정구역으로서 안양은 안양시만을 지칭하는 것이지만 실제 안양의 생활, 문화, 정서적 반경은 훨씬 광범위하다. 인근 도시인 군포, 의왕, 과천 등이 안양권역에 속하는 도시이다. 실제로 이들 지역은 오래전 도시별로 전화 지역번호를 부여했을 때 같은 번호(0343)를 사용하기도 했으며, 학군과 택시는 지금도 같은 지역으로 묶여 있다. 뿐만 아니라 안양권에 속하는 지역 주민들은 각각의 도시를 같은 지역으로 인식한다. 다만 과천은 서울과의 친연성이 강하여 지금은 안양권에 속하는 도시라고 보기 힘들다. 아직까지 택시 영업 지역과 학군 등이 한데 묶여 있지만, 강남 지역에 버금가는 집값만큼이나 정서적으로 안양권과 거리가 있다. 전화 지역번호 역시 안양, 군포, 의왕이 경기도 번호를 사용하는 데 반하여 과천만 서울 지역번호를 사용하고 있다.

안양은 공업도시를 기반으로 성장한 탓에 위성도시에 드러나는 산업화의 특징이 더욱 극명하게 나타난다. 안양은 산업화 시대의 이주 양상, 노동 문제, 환경 문제, 주거 문제, 도시 빈민 문제 등이 유독 두드러지게 나타난 도시이다. 그리고 이러한 특성은 산업화의 진행과 함께 자연스럽게 전개되며 공업도시 안양 특유의 환경을 만들어냈다. 산업화의 과정과 폐해가 안양만큼 자연스럽게 진행된 곳도 흔치 않다. 안양은 산업화가 집중적으로 이루어졌다는 점에서 위성도시의 근대적 산업화 과정의 특이성을 살펴볼 수 있는 곳이다. 서울과 인접한 지리적 특성을 지니고 있기 때문에 산업 시설의 설치와 운영이 용이했는데, 산업화가 적극적으로 진행되며 지방 이주민의 유입도 활발하게 이루어졌다. 안양은 근대 이전의 마을이 산업화를 거치며 어떻게 근대적 위성도시로 변하는지 살펴볼 수 있는 도시이다. 안양의 이와 같은 지역적 특성은 근대적 산업화와 위성도시 문제의 본질을 파악할 수 있게 한다. 안양은 다른 도시들에 비해 산업화가 영향을 준 위성도시의 원형성을 더 많이 가지고 있다.

안양 인근 지역인 광명, 과천은 서울특별시의 도시 계획에 의해 조성되었다는 점에서, 그리고 성남은 서울의 도시 빈민을 이주시키는 과정을 통해 계획적으로 형성되었다는 점에서 지역의 원형성이 자연스럽게 전개되었다고 보기 힘든 부분이 있다. 물론 안양에도 1기 신도시 평촌이 건설되기는 했다. 하지만 평촌은 1990년대 초반에 들어선 데다가 기존 도시인 안양 전체를 압도하며 도시적 특성 자체를 바꾸지는 못했다. 또한 인천의 경우는 위성도시라기보다 항만을 지니고 있는 독립적인 대도시였고, 안산은 안양에 비해 도시의 형성과 산업화가 늦게 전개되었다. 경기 북부의 도시들은 상대적으로 수도권 개발로부터 소외되었기 때문에 지방민의 이주와 산업화라는, 위성도시의 특징과 일정 부분 거리를 두고 있었다.

안양은 앞에서 다룬 광명보다 공장이 더 많이 들어섰는데, 1970-80년대 산업화와 관련하여 많은 공장이 들어선 도시이다. 안양권 도시인 군포, 의왕까지 합하면 공업단지의 규모가 상당히 크다. 하지만 공장이 많이 들어선 만큼 공해 문제도 심각한데, 이것은 1970-80년대 안양천 수질오염의 주된 원인이 되기도 했다. 안양의 환경오염을 상징적으로 보여준 것은 안양천이다. 상류 구간인 의왕과 군포 구간부터 폐수로 오염된 안양천은 안양 구간을 거치며 최악의 상태가 되었다. 폐수와 다를 바 없는 안양천은 1990년대까지도 하천 오염의 대명사로 언급되었다. 이 모든 것은 환경보다 개발이 우선시된 산업화의 비극적 결과였다. 안양천은 겨울이 되어도 어는 법이 없었으며 오히려 뜨거운 김이 피어오르기까지 했다. 하천 바닥에는 검은 슬러지가 늘 끼어 있었고 악취가 진동했다. 안양천의 오염도는 하천 정비 사업 등을 통해 2000년대 이후 드라마틱하게 변했다. 수질 개선 전·후의 '생화학적 산소 요구량'의 변화가 너

안양천은 의왕시, 군포시, 안양시, 광명시, 부천시와 서울 남서부 일대를 흐른다.
안양천은 하천 정비 사업 등을 통해 2000년대 이후 수질이 놀라울 정도로 개선되었다.

무 급격해서 고등학교 지구과학 교과서에 수록되기도 했다. 현재
는 잉어를 비롯하여 토종 민물게 등 다양한 동식물이 서식할 만큼
생태계가 복원되었다. 오히려 탄천이나 중랑천 등의 수도권 하천보
다 수질이 좋다고 하니 놀라운 변화다.

　　안양천은 단순한 하천 이상의 의미를 지니고 있다. 그것은 근
대적 산업화가 이루어지던 위성도시 안양의 모습과 운명을 보여주
는 하나의 상징이다. 검게 흐르는 안양천은 서울과 종속적으로 연
결되어 있는 위성도시의 운명을 상징적으로 보여준다. 그리고 그것

은 희생과 소외의 다른 이름이기도 하다. 폐수가 흐르는 검은 안양천은 위성도시 안양의 현실과 고단했던 그곳 주민들의 삶 자체인지도 모른다. 서울의 변두리 지역으로서, 공장 등의 기피 시설이 들어선 이후의 황폐함을 전면에 드러내는 대표적인 사례가 바로 과거의 안양천이다. 또한 이러한 안양천의 상황은 게토화된 도시 빈민 주거지의 비위생적 환경을 상징적으로 보여주는 것이기도 했다. 검게 썩은 안양천은 비전 없는 삶을 살아야 했던 이들의 암담한 미래처럼 흐르며, 우리의 기억 속에 근대의 비극을 새겨놓았다. 그것은 세속적 욕망과 근대적 부조리가 낳은, 소외와 차별로서의 디스토피아의 비극적 기호이다.

서울,
수도권　　그리고
지방

　서울은 수도권으로 확장되며 거대한 서울권역을 이룬다. 서울의 문제는 이제 서울만으로 한정되지 않고 수도권으로 확대되었다. 이때 서울권역인 수도권은 각각의 지역과 도시마다 서로 다른 특징을 보이지만 지방과 대비된다는 점에서 하나의 권역으로 집단화한다. 이제 수도권은 확장된 서울로 기능하며, 광의의 서울을 의미하는 이름이 되었다. 수도권은 지역적으로 서울과 긴밀하게 연결되며 거대 서울이 되기에 이른다. 그런데 거대 서울이 된 수도권은 끊임없이 지방과 분리되며 수도권과 지방이라는 구분법을 공고히 하기도 한다. 이때 한국 사회의 주류 지역은 수도권이며 이외의 지방은 하나로 묶여 비주류로 치부된다.

수도권과 지방의 관계는 과거 서울과 위성도시에 나타난 관계의 확장판이다. 위성도시에 서울의 공장이나 혐오시설을 설치한 것처럼, 서울은 이제 지방에 그 역할을 떠넘기고 있다. 전 국민의 절반이 거주한다는 이유로 수도권에 위험 시설을 설치하는 것은 금기시된다. 원자력발전소와 화력발전소가 대표적인 사례인데, 일제강점기에 처음 설치된 서울화력발전소(당인리발전소)를 제외하고 대부분의 발전소가 지방에 있다. 화력발전소는 충청도 지역에 많이 건설되었으며 원자력발전소는 경상권에 밀집해 있다.

원자력발전소와 같은 위험 시설을 수도권 인근에 설치하지 않는 이유 중 하나는 이곳이 인구 밀집 지역이라는 안전상의 이유에서이다. 하지만 이런 이유라면 지방 거주민의 안전은 담보하지 않아도 되는가라는 반대의 질문도 얼마든지 가능하다. 또한 인구 밀집 지역이기 때문이라는 이유 역시 설득력이 떨어지기는 마찬가지이다. 경상권의 원자력 발전소 인근에 부산, 대구, 울산 등의 대도시가 몰려 있기 때문이다. 한국 사회에서 비주류 취급을 받는 지방의 문제는 발전소뿐만이 아니다. 지방은 다양한 이유에서 차별받는다.

반면 우리 삶에 필요한 주요 시설과 기관은 서울을 비롯한 수도권에 집중되어 있다. 경제, 정치, 외교 등의 국가적 역량이 작동하는 분야뿐만 아니라 교육, 문화, 예술 등에 이르기까지 수도권 집중화 현상은 강력하게 작동한다. 그리고 이러한 현상은 유무형의 시설과 기관이 수도권에 몰려 있다는 표면적인 지표와 의미에 그치지 않는다. 수도권 편중 현상은 삶에 대한 가능성과 미래 가치에 차별이 생길 수 있다는 점에서 더 큰 문제를 지닌다. 수도권에 거주하는 이들은 단지 그곳에 거주한다는 이유만으로 안전하고 쾌적한 삶을 영위할 수 있으며, 지방 거주민에 비해 더 많은 경제적, 사회적 이익을 얻을 수 있다.

지방이라는 단어는 소외와 낙후의 다른 이름처럼 들리기도 한다. 우리의 의식은 어느새 서울을 비롯한 수도권 중심으로 재편되었고, 그런 가운데 지방의 희생이 당연시되기도 한다. 서울 중심의 사고는 지방이라는 단어의 원래 의미를 왜곡한다. 지방은 특정한 지역을 의미하는 말이 아니다. 지방의 원래 의미는 각각의 개별적인 지역이나 공간을 의미하는 것이다. 그런 점에서 서울이나 수도권 역시 우리나라 지방 중 한 곳이다. 하지만 오늘날 지방은 수도권 이외의 지역을 뜻하는 의미로 축소되었다. 그런 탓에 지방이라는 말은 원래의 의미와는 다르게 차별적 요소를 지니게 되었다. 그리고 지방이라는 말의 차별적 의미는 우리의 의식 속에 자리 잡아 지방에 대한 차별 의식을 내재화하기에 이르렀다.

수도권과 지방으로 양립된 상황은 오랫동안 축적되어 고착화된 편견의 양상이다. 우리는 오랫동안 한양이나 경성, 서울 등을 중앙으로 인식하고 이외의 지역을 지방으로 받아들였다. 이런 이유로 인해 우리는 지방을 중앙의 반대 개념으로 인식하게 되었다. 이런 상황 속에서 '중앙'이라는 단어에 우월적 의미가 내장된 것은 자연스럽기까지 하다. 중앙의 반대 개념은 변두리, 외곽 등인데, 그럼으로써 지방은 중앙이라는 단어의 대척점에서 폄하의 의미를 지니게 되었다. 우리는 단 하나의 중앙만이 존재하는 기이한 나라에 살고 있다. 그러나 중앙을 위해 다른 것들을 희생하는 세계는 얼마나 불합리한가. 중앙에 대한 과도한 집착은 다양한 가치를 인정하지 못해온 우리의 습성과 닮아 있다. 중앙이라는 하나의 가치에만 몰두하는 광기는 무서운 것이다. 그것은 끔찍한 욕망이자 차별적 인식이고, 획일화된 가치와 세계로 떨어지는 파국의 길이다.

서울을 위한,
    서울을 향한,
    서울만 남은

근대성은 도시의 탄생과 긴밀한 관계를 맺는다. 근대적 시공
간은 산업화를 거치며 근대성을 드러낸다. 그러나 우리나라의 도시
는 1960-70년대까지만 해도 근대적 면모를 완전히 갖추지 못했다.
외적으로는 도시의 형태를 가지고 있었지만 도시의 문화와 삶이 완
성되었다고 볼 수 없었다. 심지어 농촌의 흔적이 다수 남아 있었다.
도시의 기반 시설이 미흡했을 뿐만 아니라 도시가 지니고 있는 문
화적 환경 역시 형성되지 못했다. 특히 서울을 제외한 수도권 위성
도시는 농경 중심의 삶의 모습이 여전히 남아 있기도 했다.

널리 알려진 것처럼 산업화는 인간의 욕망, 지배 구조, 빈부 격
차 등을 동반하며 진행되기 마련이다. 산업화 이후의 근대적 세계

는 대량 생산과 대량 소비를 통해 세계에 대한 지배 구조를 공고히 하는데, 이러한 지배 구조는 빈부 격차로 이어진다. 대량 생산이 가능해진 근대적 산업화 사회는 대량 소비를 통해 지배 계급의 부와 권력을 유지시킨다. 그리고 이러한 대량 생산과 대량 소비의 한가운데 인간들의 욕망이 있다. 대량 생산과 소비는 인간의 욕망을 끊임없이 자극함으로써 산업화에 당위를 부여한다. 그리고 이와 같은 산업화를 기반으로 도시는 탄생한다. 그런 점에서 도시화는 산업화와 밀접한 연관을 갖는다. 그러나 산업화와 도시화는 섬세하게 구분할 필요가 있다.

앞에서도 언급했듯이 산업화와 도시화는 언뜻 비슷한 개념으로만 생각하기 쉽다. 산업화에 도시적 특성이 포함된다거나, 산업화와 도시화가 다르지 않다고 생각하는 경우가 많다. 그러나 산업화와 도시화는 긴밀한 관계 속에 있으면서도 서로 다른 의미를 갖고 있다. 산업혁명 이후에 나타난 근대적 세계 속에 산업화와 도시화가 자리하는데, 산업화와 도시화는 모두 근대성의 개념 안에 놓인다는 점에서는 크게 다르지 않다. 하지만 산업화의 과정을 거쳐 도시화가 이루어진다는 점에서 두 개념은 다른 측면이 있다. 특히 산업화와 도시화는 공간에 대한 인식 면에서 큰 차이를 보인다. "산업화가 산업구조의 변화만을 나타내는 비공간적 개념이라면, 도시화는 농촌지역에서 도시지역으로의 전환을 의미하므로 도시화는 공간적 개념을 바탕으로"* 한다.

산업화를 기반으로 하여 탄생하는 "도시는 인간의 열정에 의해 태어나고 성장하고 쇠락"**을 거듭한다. 산업화와 도시화는 인간의 삶과 사회를 지배하며 진행된다. 그리고 그 한가운데 인간의 욕망이 있다. 대량 생산과 대량 소비를 전제로 한 산업화가 인간의 욕망을 먹이 삼아 확대되었던 것처럼, "처음 도시가 태어난 이래 도시의 운명을 이끈 힘"*** 역시 인간의 욕망이었다. 따라서 도시에서의 우리 삶은 끊임없이 욕망하는, 즉물적 세계 속에 놓인 것일 수밖에 없다.**** 또한 산업화는 필연적으로 다양한 사회문제를 야기한다. 부의 재분배와 같은 사회구조적인 문제부터 환경오염에 이르기까지 다양한 문제점을 드러낸다. 또한 산업화로 인하여 마을 공동체가 파괴되고 근대적 일상의 부조리함이 우리의 삶과 세계를 지배하기에 이른다.

한국 사회의 산업화는 1970년대 박정희 정권을 기점으로 확대되었다. 경제 개발과 함께 산업 기반 시설이 확충되었고, 1970-80년대 이후 이와 같은 산업화를 기반으로 하여 한국 사회의 산업화와 도시화는 체계를 잡게 된다. 그러나 한국 사회의 근대적 산업화는 국민의 희생을 전제로 한 것이었으며, 부의 편중으로 인하여

---

*여홍구, 『도시와 인간』, 나남출판, 2005, 160-162쪽 참조; 임영선, 「한국 현대 도시시 연구」, 중앙대 박사 학위논문, 2008, 140쪽.
**최재정, 『도시를 읽는 새로운 시선』, 홍시, 2015, 40쪽.
***위의 책, 같은 쪽.
****많은 도시들은 현재까지 부정적 도시 이미지의 오명으로 어려움을 겪고 있다. (중략) 20세기 전반에 걸쳐 산업은 도시에 긍정적 이미지를 심어주었다. 그러나 세계 경제의 흐름이 변하면서 산업은 부정적인 관점으로 바라볼 대상이 되었다. — 팀 홀, 유환종 외 옮김, 『도시 연구』, 푸른길, 2011, 126-127쪽 요약정리.

산업화는 기형적으로 전개될 수밖에 없었다. 그런 가운데 국민의 삶은 고통 속에 놓일 수밖에 없었다. 우리나라의 산업화는 눈부신 성장을 거뒀지만 이면에 가려진 고통은 제대로 조명되지 못했다.

해방 이후 한국 사회는 산업화의 기틀을 다지고자 많은 노력을 기울였다. 노동자의 희생을 담보로 한 산업화는 1970년대를 전후로 한 시기에 집중적으로 나타났다. 그리고 이러한 근대적 산업화의 과정을 통해 도시화의 단계로 진입하게 되는 기틀을 만들었다. 한국 사회는 1970년대의 산업화를 기반으로 하여 1980년대 중반 이후 도시의 기반을 갖춰 나가기 시작했다. 특히 1988년 서울올림픽을 기점으로 근대도시의 면모를 어느 정도 갖추게 되었다. 이 시기의 도시의 모습은 이전의 도시 모습과는 사뭇 다른 것이었다. 1980년대 중반 이전의 도시의 모습이 산업화의 과정 속에 진행 중이었던 것이라면 1980년대 중반 이후, 90년대 이후의 도시는 비로소 근대적 세계로서의 모습을 갖추었다.

이런 가운데 서울은 거대 도시가 되어갔고, 더 나아가 서울을 중심으로 한 수도권은 하나의 도시처럼 거대한 욕망이 되어갔다. 이 나라에는 서울과 수도권이라는 거대 도시만이 존재하는 것처럼 대부분의 국가, 도시 기능이 이곳에 집중되었다. 그중에서도 서울은 압도적으로 도시적 기능을 장악하고 있다. 그런 점에서 서울은 수도권과 분리된 세계이며, 수도권의 위성도시들은 서울에 종속된 도시에 불과하다고 해도 과언이 아니다. 모든 것들은 서울을 향해, 서울을 중심으로 이루어진다. 이렇게 거대 도시가 된 서울과 수도권은 지방과 구분되고, 우리나라에 서울을 포함한 수도권만 있는 것처럼 느껴지게 된다. 우리나라의 산업화와 도시화의 과정은 이처럼 '중앙'만을 향한, 기형적인 것이었다.

　서울 주변의 도시들은 산업 단지를 형성하며 서울을 뒷받침하는 기능을 했다. 이곳에는 공장과 싼 거주지가 형성되며 서울의 변두리처럼 인식되기도 했다. 서울 인근의 도시는 서울 외곽의 위성도시로서 산업화의 그늘이 짙게 드리운 곳이었으며, 산업화 속에 변두리로 내몰린 곳이었다. 그곳은 서울이라는 대도시로부터 내몰린 도시 빈민의 거처이기도 했으며, 농촌을 떠나 수도권으로 이주한 이들의 정착지이기도 했다. 위성도시가 서울을 둘러싸고 있는 "수도권은 종래의 도시와 농촌을 따로따로 구분하는 이분법적 사고로는 해석될 수 없는 지역"*이다. 위성도시에서의 삶은 중심부로 진입하지 못한, 소외의 역사를 지닌 채 우리나라의 근현대사를 지나왔다. 이러한 삶의 풍경은 산업화와 도시화의 비극적 양상을 적나라하게 보여주는 것이기도 했다.

---

*권용우 외, 『수도권 연구』, 한울아카데미, 1997, 78쪽.

참고문헌

단행본―국내서

강내희 외, 『압구정동: 유토피아 디스토피아』, 현실문화연구, 1992.

권용우 외, 『수도권 연구』, 한울아카데미, 1997.

기형도, 『입 속의 검은 잎』, 문학과지성사, 1989.

김경민, 『건축왕, 경성을 만들다』, 이마, 2017.

김기림, 『김기림 전집 1』, 심설당, 1988.

김기림, 『김기림 전집 5』, 심설당, 1988.

김성도, 『도시 인간학』, 안그라픽스, 2014.

김정남 외, 『1990년대 문화 키워드 20』, 문화다북스, 2017.

김찬호, 『도시는 미디어다』, 책세상, 2002.

류 신, 『서울 아케이드 프로젝트』, 민음사, 2013.

박태원, 『소설가 구보씨의 일일』, 문학과지성사, 2005.

유 하, 『바람부는 날이면 압구정동에 가야 한다』, 문학과지성사, 1991.

이진경, 『근대적 시·공간의 탄생』, 푸른숲, 2002(2판).

조명래, 『공간으로 사회 읽기』, 한울, 2013.

최재정, 『도시를 읽는 새로운 시선』, 홍시, 2015.

한종수·계용준·강희용, 『강남 공화국』, 미지북스, 2016.

단행본-국외서

레지스 드브레, 정진국 옮김, 『이미지의 삶과 죽음』, 시각과 언어, 1994.

마크 고트디너·레슬리 버드, 남영호·채윤하 옮김, 『도시 연구의 주요 개념』, 라움, 2013.

마테이 칼리니스쿠, 이영욱 옮김, 『모더니티의 다섯 얼굴』, 시각과 언어, 1993.

미셸 마페졸리·앙리 르페브르 외, 박재환 외 옮김, 『일상생활의 사회학』, 한울아카데미, 1994.

수잔 벅 모스, 김정아 옮김, 『발터 벤야민과 아케이드 프로젝트』, 문학동네, 2004.

앙리 르페브르, 박정자 옮김, 『현대세계의 일상성』, 세계일보, 1990.

지그문트 바우만, 이일수 옮김, 『액체근대』, 강, 2009.

팀 홀, 유환종 외 옮김, 『도시 연구』, 푸른길, 2011.

논문

김백영, 「4·19와 5·16의 공간사회학」, 서강인문논총 38집, 서강대학교 인문과학연구소, 2013.

임영선, 「한국 현대 도시시 연구」, 중앙대 박사 학위논문, 2008.

기타 자료

조정구, 「돈의돈 쪽방에 눕다」, https://bit.ly/2JoyV9X. (검색일: 2020.11.28.).

「백화점 전성시대」, https://url.kr/ab6vDF. (검색일: 2020.11.1.)

「모던걸의 장신운동」, 《조선일보》, 1928.2.5.

「1930년 여름」, 《조선일보》, 1930.7.19.

「[서울 만들기]10. 나비작전」, 《조선일보》, 2003.9.16.

100년의
서울을 걷는 인문학

상징 코드로 읽는
서울 인문 기행

ⓒ 조동범

초판 1쇄 발행 2022년 2월 21일
초판 2쇄 발행 2023년 1월 20일

지은이 조동범
편집 이현호
디자인 와이겔리

펴낸곳 도마뱀출판사
펴낸이 조동욱
등록 제2007-000083호
주소 03057 서울시 종로구 계동2길 17-13(계동)
전화 (02) 744-8846
팩스 (02) 744-8847
이메일 domabaembook@naver.com
블로그 http://blog.naver.com/ybooks
인스타그램 @domabaembooks

ISBN 979-11-975351-2-3   03300

＊책값은 뒤표지에 있습니다.

＊잘못 만들어진 책은 바꿔 드립니다.